E 小**探索**者人文系列
Explore

伟大的思想
Wei Da
Si Xiang

田战省 主编

吉林出版集团
北方妇女儿童出版社

图书在版编目（CIP）数据

伟大的思想/ 畲田编写. —长春：北方妇女儿童出版社，
2009.12（2019.4 重印）
（小探索者人文系列/田战省主编）
ISBN 978-7-5385-5186-0

Ⅰ. 伟大… Ⅱ. 畲… Ⅲ. 历史—青少年读物 Ⅳ. Q95-49

中国版本图书馆 CIP 数据核字（2007）第 149017 号

E探索者 人文系列
Explorer

伟大的思想
Wei Da
Si Xiang

主　　编　田战省
出 版 人　李文学
策　　划　刘　刚
责任编辑　金敬梅
装帧设计　李亚兵
图文编排　李显利　药乃千
开　　本　787mm×1092mm　16 开
字　　数　50 千字
印　　张　6
版　　次　2011 年 1 月第 1 版
印　　次　2019 年 4 月第 3 次印刷

出　　版　吉林出版集团　北方妇女儿童出版社
发　　行　北方妇女儿童出版社
地　　址　长春市人民大街 4646 号
　　　　　邮编：130021
电　　话　编辑部：0431-85634730
　　　　　发行科：0431-85640624
网　　址　http://www.bfes.cn
印　　刷　天津海德伟业印务有限公司

ISBN 978-7-5385-5186-0　　定价：21.00 元

前 *Foreword* 言

人类的发展史已经有几百万年了，如果闪电式地浏览一下这漫长的光阴，你会发现，近几千年来的时间里有更多精彩之处。如果说，人类发展的重要一步是抬起头来，直立行走，那么，人类文明的关键一步便是"拿出"思想，顶天立地。因为几千年的精彩之处，都在于这耀眼的思想光华。

"人是一棵会思想的芦苇。"帕斯卡说道。

的确，人的身体就像一棵芦苇，在天地宇宙间，显得薄弱、无力，一场地震、一场瘟疫，都可能让他再难以生存下去。但是，这芦苇有一点光，这光便是思想，有了思想，虽然我们的身体在宇宙之内，但宇宙却在我们的脑中、心中。

那么，思想有何可贵之处，思想者又为什么这样执著追求呢？

如果有答案，答案就在"理性"二字。

有了理性，便有了怀疑的精神；有了理性，在黑暗时，我们不会丧失希望，在虚假中，我们的眼睛依然能够保持雪亮。

本书是一道门，一条小径，翻开它，门便开了，走过这条小径，你会到达某个地方。书中处处会有这样一尊雕像：一位沉思者，外表平静，内心却是波涛汹涌，他想天有多高、地有多厚，想过去未来……

目录
Contents

世界篇

中国篇

伟大的思想

世界篇

　　我们即将进入的是西方哲学的辉煌殿堂。走进这所殿堂，我们会看见一幅瑰丽的壁画。壁画中的哲人们或者搔首沉思，或者激烈辩论，或者奋笔疾书，或者眺目远望。这里是一个无国界的世界，这里属于思想驰骋的天空。走进这所殿堂，我们将畅游先哲们用智慧所创造的广袤星空。

泰勒斯

公元7世纪前后，古希腊发达的工商业和航海业使这里成为各地"交通的枢纽"，各国的文明因此得以汇集，开放的社会环境为新思想的出现提供了肥沃的土壤。泰勒斯，古希腊第一位留下姓名的哲学家就出现在这个时期。

泰勒斯的雕像。对雕刻者来说，似乎凝重的表情才是哲人永恒的形象！

采集各国文明

公元前 624 年泰勒斯生于商业发达的港口城市米利都，先天优越的"地理"条件，使他透过这个"国际交流的窗口"极大地扩展了自己的眼界。他以后又游历过埃及和两河流域的巴比伦，先后学习到了丰富的几何学知识以及有关日食的知识。

数学之光

由于尼罗河的河水经常泛滥，人们不得不重新丈量土地，也正因为这样，埃及的几何学在当时很发达。泰勒斯在学习的同时又将埃及的地面几何上升到平面几何，相继提出了像"等腰三角形的两底角相等"、"直径平分圆周"等我们现在常用到的一些基本定理，并且在历史上第一次把证明的思想引进数学，从而使知识的理论性大大增强，这在几何学史上具有里程碑的意义。

雅典红花陶瓶。陶瓶婀娜的曲线正是希腊数学水平的呈现，数学在这里是一种美的表达！

"遨游太空"

泰勒斯把思考同样应用到了天文领域。希腊的航海事业很发达,泰勒斯经过观察发现,按照小熊星座航行要比按照大熊星座更加安全可靠。另外,泰勒斯还大胆预测了太阳的大小。更让人们拍手称奇的是,他解释了日食发生的原因,并正确预言了一次日食,而他在没有任何科学仪器辅助的情况下,还是希腊第一个把一年确定为 365 天的人。

古希腊七贤之首

在数学和天文学领域取得成就以后,晚年的泰勒斯沉浸在哲学的花园里。他主张"万物是由水组成的"、"万物有灵"(他认为磁铁的吸力作用就是因为里面有生命存在,只是我们看不见而已)的思想。在整个古希腊的智慧园里,泰勒斯在数学中引进证明的方法,提高了数学命题的严谨性以及加强了逻辑思维的锻炼;在哲学领域,他第一个向宇宙发出疑问,探索了世界的本质,卓越的成就使他被后人推为"古希腊七贤之首"。

历史回音壁

因为邻居讥笑泰勒斯作为哲学家只会"空想",他就想寻找机会证明自己的能力。有一年泰勒斯预计到来年橄榄将会大丰收,便四处收购橄榄榨油机,很多人当时都以为他又在"发疯"。到了第二年,橄榄果然获得了罕有的收成,可是这时人们才发现到处找不到榨油机,泰勒斯于是趁机将自己掌握的榨油机高价出租,从而获得了一份不小的财富。

金字塔固然高大,但是泰勒斯却能用自己身体的影子来测量,这便是思想的力量!

9

毕达哥拉斯

古希腊作为古代世界文明的发源地之一,曾经有人把它比做灿烂的星空,那里有着几何学、哲学、诗歌与音乐生长的丰厚土壤。我们现在常用的一些词汇像"哲学"、"和谐"都是来源于希腊文,而它们的发明者就是毕达哥拉斯。

毕达哥拉斯,古希腊哲学家。他的社团有很多禁忌,比如不要碰白公鸡。

早年经历

公元前580年毕达哥拉斯出生在爱琴海上的一座小岛上,早年曾经学习过自然科学和哲学。据说他到过很多地方,求学至叙利亚,渡海到埃及,并且被当做奴隶带到过巴比伦。多样的经历使他既接触了早期的西方文明,又受到东方宗教和文化的熏陶,也正是由于这些,他的学说极富想象力且独具魅力。

神秘社团的成立

毕达哥拉斯派成员在日出时分祈祷。

多年的奔波以后,毕达哥拉斯创建了一个宗教、学术、政治合一的团体。这些团体男女都可以参加,只是有着严格的"入会章程",比如,神

秘的入教仪式,会员要严格自律,财产公有,必须信奉"数乃万物之母"的学说,"数学成绩"要有很高的水平等。后来因为社会动乱,这些团体被迫解散,然而他的门徒却走向四方,对西方社会有着持续的影响。

钟情数学的哲学家

毕达哥拉斯在数学上卓有成就。我们熟知的"勾股定理"(西方称做毕达哥拉斯定理)就是由他第一个证明的,另外他还研究了"黄金分割"等重要理论。然而,毕达哥拉斯并不满足他心爱的"数学"仅仅只有这么一点用处,他主张数是世界的基本组成和基本规律,好像无所不能的"上帝"一样统治着宇宙万物。比如爱情为8,理性为1,10是最完美的数字,他希望通过数字来解释世界的一切现象。

数学影响

毕达哥拉斯通过对数学的研究,还提出了"和谐"的概念,并将它用于解释音乐理论。在历史上是他首次将数学置于如此之高的地位,并且试图把哲学和数学结合起来。这一点深深影响了后世,哲学家往往也是数学家,并且使用数学的方法来研究哲学。另外,他还提出了奇数、偶数、完全数、平方数等概念,在数论方面作出了贡献。

文艺复兴时期的画家拉斐尔通过画作《雅典学派》向毕达哥拉斯表达敬意!

11

苏格拉底

随着古希腊先辈的努力，希腊在伯利克里的统治下进入了"黄金时代"，但是不久这种"太平盛世"便因为一场战争的到来而逐渐被打破。这一状况使思想家们受到了很大的冲击，苏格拉底便是其中的代表。

苏格拉底（前469—前399年），古希腊哲学家。

身着长袍的苏格拉底正在和一群青年学生进行热烈的讨论（《雅典学院》局部）。

战争噩梦

公元前469年，苏格拉底出生于雅典的一个普通公民家庭。父亲是位石匠，母亲是位助产婆。苏格拉底从小酷爱阅读《荷马史诗》，起初从事雕刻石像的工作，但是渐渐痴迷上哲学思辩。公元前431年至前404年，正值雅典联盟与斯巴达联盟之间的伯罗奔尼撒战争时期，苏格拉底一共服了三次兵役，目睹了战争的残酷以及社会道德水平的滑落，开始在他的哲学中反思，并希望寻找到真理。

"助产术"式的辩论

苏格拉底本人并没有留下任何著作，现在我们了解他的思想主要依靠他的学生柏拉图在《对话录》中的记载。苏格拉底经常赤脚在雅典的街头巷尾与人辩论，他认为真理已经存在于每个人的头脑中，只是我们没有察觉，于是他通过打破沙锅问到底的方式不断发问，迫使对方发现自己观点的矛盾之处，在不断纠正之中接近真理。因为这种方法就像助产婆帮助产妇(辩论者)生产婴儿(真理)一样，所以又叫"助产术"。

关注灵魂的哲学

在苏格拉底以前，像泰勒斯、毕

面对毒酒,苏格拉底没有丝毫畏惧,他一指向上,好像在说:"我的灵魂会上升到最高处!"

达哥拉斯等先哲,他们把精力更多地倾注于思考自然和宇宙上,比如"万物是水组成的"、"万物为数",但是到了苏格拉底,他则开始把哲学从"天上"拉回"人间",要求人们关注生活从而更好地认识自己,爱护自己的灵魂,并声称幸福的多少取决于灵魂的好坏。为了重塑道德价值,他探寻什么是勇敢,什么是美,什么是正义等问题,试图寻找到普遍的真理。

精神偶像

柏拉图的《对话录》详细记载了苏格拉底遇害的过程。公元前399年,苏格拉底以"腐蚀青年"以及"引进新神"等罪状被控告,法庭最后判处他饮毒自杀。在西方,苏格拉底一直是为追求真理而献身的代表,他的思想直接影响了柏拉图,并且与柏拉图、亚里士多德一起,成为西方哲学的奠基者。

历史回音壁

苏格拉底被捕时曾经有过逃脱的机会,但是都被他拒绝了。他认为"判决虽然违背事实,但这是合法法庭的判决,必须服从"。当学生们眼见他饮毒自杀痛哭不已时,苏格拉底却显得从容自若,而他最后的一句话则是"克里同,我还欠医神阿斯克勒皮俄斯一只公鸡,帮我还给他。"

柏拉图

古希腊之所以形成了灿烂的文明，其中一个重要的原因就是学风昌盛，年轻的学子常常遇到德高望重的老师。柏拉图就是这样一位幸运儿。

柏拉图（前427—前437年），古希腊哲学家。他有一个习惯，那就是：每天告诉自己一次："我真的很不错"。

跟随名师的经历

柏拉图公元前427年生于一个雅典的贵族家庭。青年柏拉图曾经很长一段时间从师于苏格拉底，并且受到很大影响。公元前399年，苏格拉底被判处死刑后，柏拉图受到波及开始四处躲避，曾经到过埃及和意大利等地，在这期间，他开始接触毕达哥拉斯派的思想主张。柏拉图希望在政治上有所建树，曾游说叙拉古国王采纳自己管理国家的建议，但因为当地的政治纷争，无功而返。

历史回音壁

柏拉图有一次问自己的老师"什么是幸福"，苏格拉底便将他引至一块稻谷地里，让他一路向前，不准回头，摘取一颗自认为最大的稻穗。一刻钟的工夫，柏拉图两手空空地回来了，苏格拉底露出疑问的目光，柏拉图便说道："我一直以为最好的稻穗会在前面，谁知道错过了最大的那颗。"苏格拉底微微一笑，说道："幸福也是如此。"

创建雅典学园

在40岁时，柏拉图回到雅典创立"学园"，开始讲课收徒的生活。受毕达哥拉斯派的影响，他的学园重视研究几何学，并有"不懂几何学者不得入内"的告示。这所"学园"存在了九百多年，成为当时活跃的思想交流场所并培养了大批人才，亚里士多德便是其中的优秀代表。现在，学园被认为是早期高等学府的萌芽，它的创建，对后来的大学产生了深远的影响。

宏大的哲学体系

柏拉图的代表作品有《斐多篇》《法律篇》《国家篇》《巴门尼德篇》等，他认为眼前的世界是虚假的，并且是对永恒真实世界的"模仿"，就像一个"影子"。

他继承和发展了苏格拉底的观点,认为真理天生就存在于人的灵魂里,而"一切学习不过是回忆罢了"。在《国家篇》中,柏拉图描绘了他的"理想国",这种国家共有三个等级:第一等级是精通哲学知识的国王;勇敢的守卫武士属于第二等级;而拥有节制精神的农民、手工业者则属于第三等级,他们以创造物质财富为工作。

雅典学园

哲学国王

柏拉图是西方历史上第一个留有大量著作的哲学家,《对话录》里的语言充满机智,谈论内容广泛。他的思想对西方哲学和基督教的影响很大,后世许多哲学家都曾从他的学说中汲取过营养。

《雅典学派》里,正中那个身穿红袍的人便是柏拉图。从他向上的手指,你联想到什么了吗?

第欧根尼

公元前4世纪时，马其顿的国王亚历山大通过南征北战，不但控制了希腊联邦，而且建立了一个横跨亚非欧的大帝国。面对这种突变，希腊的哲学家们开始不再对社会活动充满激情，他们不愿意参与政治活动，甚至开始逃避生活。在这些人中，第欧根尼便是其中的代表。

第欧根尼是古公元前4世纪古希腊的一位著名哲学家、犬儒学派的重要代表人物。

求教名师

第欧根尼的生卒年不详，约生活在公元前4世纪。因为他出生在锡诺普，为了同另一位第欧根尼相区别，所以哲学史上一般称呼他为锡诺普的第欧根尼。第欧根尼还是一个青年时，曾专程拜访当时的哲学家安提西尼，这位安提西尼是苏格拉底的弟子，他因曾目睹自己恩师被害，所以主张鄙弃婚姻、政府、金钱等世俗的东西。第欧根尼见到安提西尼后，便拜安提西尼为师，开始跟从他学习。

桶中生活

经过一段的学习，第欧根尼不但继承了自己老师的学说，而且获得了比老师更大的名声。有关第欧根尼流传最广的一个故事是：他曾经生活在一个木桶中（另一说法为大瓮），并过着行乞的生活。据说，马其顿的国王亚历山大还曾亲自拜访过他，并问他有什么愿望，第欧根尼这样回答："我希望你闪到一边去，不要遮住我的阳光。"

第欧根尼经常在白天点着灯笼四处走动、张望，像是在找什么东西似的。当人们问起他这个古怪行为时，他则回答："我正在寻找正人君子。"

犬儒学派

在当时，第欧根尼自号为"犬"，他认为，人世间的荣誉、财富、地位等都不值得留恋，我们应该摆脱物质的欲望，并且努力追求崇高的德行，只有德行才是最高贵的。与以前众多的希腊哲人不同，他不主张学习天文学、几何学等各种学问，他认为这些无用且浪费精力。在哲学史上，安提西尼和第欧根尼的学说被称为"犬儒主义"，"犬儒"这个词的表面意思即是指像犬类一样生活的人。

历史回音壁

对于那些有钱人，第欧根尼往往充满了蔑视。有一次，他被俘房，并且被当做奴隶售卖，别人问他想做什么，他便答道："统治人。"后来，他又嘱咐卖他的人："你去找找，看谁想给自己买个主人！"

玩世不恭

在第欧根尼之后，犬儒学派的主张便开始发生了转变。这一派的成员虽然继承前辈们对世俗观念的抛弃，但是也抛弃了前辈们对德行的追求，开始变得没有了道德的准则。这种改变的结果就使得他们因为对现实不满，开始以消极、玩弄的态度对待生活。比如一位犬儒派的成员面对一位赠与自己金钱的富翁时，他曾这样回应："你慷慨大度地施舍给我，而我痛痛快快地取之于你，既不卑躬屈膝，也不唠叨不满。"

思考中的第欧根尼

对斯多葛派的影响

以第欧根尼为代表的犬儒学派因为后期的消极演变，开始被世人摒弃。不过，这一学说的核心思想，却被斯多葛派这一新的哲学流派所继承。公元前4世纪前后，季蒂昂的芝诺创建了斯多葛学派，后来这一学派一度成为罗马的官方哲学，受第欧根尼的影响，他们的主张之一，便是避免受到情感和欲望的影响，顺从命运，追求清心克制、恬淡寡欲的美德。

亚里士多德

在西方，包括古希腊在内很长的一段时间里，因为哲学与科学并没有分离，包含了数学、生物学等许多学科，所以一个哲学家经常是"上知天文，下知地理"，拥有各种知识。亚里士多德便是这样一位思想家，他被称为百科全书式的学者。

亚里士多德（前384—前322年），古希腊哲学家。他认为：法律就是秩序，有好的法律才有好的秩序。

早年经历

公元前384年，亚里士多德生于色雷斯，父亲是马其顿国王的御医。17岁时，亚里士多德被送往柏拉图的雅典学园求学，这一待就是20年时间。公元前347年柏拉图去世后，亚里士多德离开了学园并前往小亚细亚。公元前343年至前342年，亚里士多德开始教育一个13岁的特殊学生，这个学生就是后来南征北战、建立了庞大帝国的亚历山大。受老师的影响，亚历山大一直比较关注和支持科学事业。

晚年生活

公元前335年，亚里士多德回到雅典，在阿波罗神庙附近的体育场开办了自己的学院，因为他和学生们经常在体育场的散步区讨论问题，所以他们又被称为"逍遥学派"。公元前323年，亚历山大大帝去世，雅典爆发了反对马其顿的斗争，亚里士多德因为与亚历山大的师徒关系受到牵连，以"亵渎神灵罪"被当局控诉，他被迫逃离，次年因病去世。

画中亚里士多德的着装，并不是希腊人的着装特色，他更像是外国人眼里的亚里士多德，他们把他当做自己国家的骄傲。

包罗万象的学问

亚里士多德把哲学分为三类:第一类是理论的科学,包括数学、自然科学等学科;第二类是实践的科学,包括政治学、经济学等学科;第三类是创造的科学,即诗学。在这些领域,亚里士多德几乎都有所涉及,并且在许多方面作出了最早的贡献。亚里士多德否定了柏拉图存在两个世界的观点,认为只存在现实这一个世界,而且还应该不断观察、发现现实的奥秘。他主张美德是两种极端状态的中间状态,比如勇敢就处于鲁莽和懦弱的中间。总是恐惧、缺乏自信,就会导致懦弱,但是太自信,天不怕、地不怕,又可能会变得草率。只有找到二者的平衡点才是智慧的选择,也只有这样才会幸福。

《雅典学院》的局部。面对老师向上的手指,亚里士多德坚持往下,他认为我们应该多关注现实,这正是"我爱我师,我更爱真理"。

历史回音壁

亚里士多德通过一个例子向他的学生们讲解自己的"三段论":"如果你的钱包在你的口袋里(大前提),而你的钱又在你的钱包里(小前提),那么则可以得出结论——你的钱肯定在你的口袋里。"学生们于是在笑声中理解了这一逻辑概念。

双重影响

亚里士多德建立了哲学史中少有的庞大体系,并且产生了重大影响。在欧洲,神学家把亚里士多德的部分思想融入到基督教中;在阿拉伯区域,他们又把亚里士多德的思想选择性地结合到伊斯兰教中。中世纪时人们对他的哲学甚至产生了崇拜心理,把亚里士多德当做不可撼动的权威,以致对思想的开放与发展起到了负面作用。

19

阿基米德

古希腊除了拥有众多的思想家以外，在科学领域还曾出现了对后世影响极其深远的两座高峰：一座是"几何学之父"欧几里德，他写作的《几何原本》被认为是西方数学的基础；另一座则是充满传奇色彩的阿基米德。

阿基米德（前287—前212），果真是聪明"绝顶"！

当看见澡盆中溢出来的水后，阿基米德一跃而出，高喊着"我发现了，我发现了"！

生活扫描

公元前287年，阿基米德生于希腊的殖民城市叙拉古（今意大利），因为他的父亲是数学家和天文学家，所以他在幼年就接触了这两门科学。后来他又到当时古希腊世界的文化中心亚历山大城求学，学习了许多先进的知识。返回叙拉古后，阿基米德受到王室的优待，开始为国王处理农业生产及军事技术等方面的问题。

传说，阿基米德曾率领叙拉古人民手持凹面镜，将阳光聚焦在罗马军队的木制战舰上，使它们焚烧起来。

发明创造

因为当时的叙拉古受到罗马军队的威胁，阿基米德发明了如投石机等守城的机械，有效地巩固了城防。在农业生产领域，为了利用尼罗河的河水浇灌农田，阿基米德发明了圆筒状的螺旋扬水器，这一设备在埃及沿用了两千多年。阿基米德将理论用于

实践创造的表现还在于,他曾制作了借助水力推动的星球仪,利用这个装置可以演示太阳、月亮、行星的运动状况以及模拟日食和月食发生的景象。

理论研究 阿基米德在设计精巧器械的同时也很注重理论研究,流传下来的著作有《论球体和圆柱》《圆的测量》等。这些著作涉及领域广泛,在力学方面,阿基米德提出杠杆原理,并发出豪言:"假如给我一个支点,我便可以撬起整个地球。"而一次洗澡的启示则使他发现了浮力定律。在几何学方面,阿基米德总结出椭球体、抛物面体等几何体表面积和体积的计算方法,他所创立的"穷竭法"已经蕴含了微积分的思想。

科学伟人 公元前212年,阿基米德被罗马士兵杀害,他的生命虽然就此结束,但是他的影响却并没有因此消失。在科学史上,阿基米德占有着重要地位,是一位伟大的科学家;在数学史上,他又是世界三大数学家(另两位分别是牛顿和高斯)之一。

科学的力量赋予了阿基米德撬动地球的自信!

普罗提诺

公元3世纪时，昔日强大的罗马因为内有军队混战，外有波斯等国的入侵，开始衰落下来，而众多的罗马百姓因为受不了沉重的赋税，也只得竞相逃亡。在这种时代背景下，许多哲人由于在现实世界中找不到慰藉，便开始把希望投注到另外一个世界中，普罗提诺便是这样的一位哲人。

求学与远游

普罗提诺约在公元205年出生于埃及，大约28岁时，他前往当时学者云集的亚历山大城求学，并且受教于哲学家艾蒙尼乌斯。跟着恩师学习了十余年后，为了将自己的所学应用于实际，普罗提诺计划前往印度和波斯。当时，罗马皇帝正好要远征波斯，普罗提诺趁着这个机会开始了长途跋涉，然而，没过多久，罗马皇帝在美索不达米亚遭到暗杀，普罗提诺的计划也因此取消。

普罗提诺头像

正在聆听哲学辩论的普罗提诺

历史回音壁

普罗提诺不仅在生活上不修边幅，而且还有一个"怪癖"：不让别人给他画像。关于他所说的那种修行的最高境界，他的弟子波菲利曾问过他："老师，您有没有到达过那种奇妙的境界？"沉思片刻，普罗提诺说道："有，六年中仅有四次。"

传播哲学

因为前往波斯的愿望不能实现，普罗提诺遂在罗马定居下来，并且开始在当地办学传播自己的哲学。在当时，普罗提诺深受欢迎，他的学生中，不仅有贫困的学子，而且也有王公贵胄，甚至连罗马的皇帝和皇后也很尊敬他。因为他的威信以及学说的感染力，许多有钱的人甘愿将自己的孩子和财富托付给他。在前辈的哲学家中，普罗提诺非常尊敬柏拉图，也因为这个原因，他曾希望在罗马仿照"理想国"建造一座城市，但最终因无

人支持，此项计划不了了之。

神秘的哲学

在普罗提诺的哲学思想中，"太一"的概念是其核心。他认为"太一"是世界的本质，所有的物体虽然都从其中产生，但是"太一"并没有损失。以太阳来举例，太阳就像"太一"，而阳光就像"万事万物"。另外，普罗提诺认为，灵魂来源于"太一"，而肉体是灵魂的囚笼，灵魂进入身体以后，就被污染了，为此，我们需要使灵魂升华，而为了达到这一目的，我们需要不断地进行德行的修养。修养的最高境界是灵魂脱离肉体，感受到一种神秘的、奇妙的"神人合一"之美。

普罗提诺不仅继承了柏拉图的哲学思想，而且还进行了富有影响的创新。

《九章集》

虽然长期在罗马创立的学校中讲课，但是在50岁之前，普罗提诺一直没有将自己的思想付诸文字。过了知命之年以后，普罗提诺开始着手写作，后来，他的一位得意门生，一位名叫波菲利的哲学家收集了他的54篇文章，并加以编纂成书。因为该书共分9章，每章6篇，所以书名被定为《九章集》。

对基督教的影响

在生活上，普罗提诺的要求非常简单，有时甚至朴素到了苛刻的程度。这些与他主张摆脱肉体的束缚，让灵魂与神合一，将美好的希望寄托于另一个世界的哲学学说密不可分。后来，随着他的学说的传播，中世纪的基督教采纳了他的观点，并将其融入了自己的神学体系当中。

插画中的普罗提诺像

23

马基雅维利

14 至 16 世纪，意大利出现了令后世瞩目的"文艺复兴运动"，出现了达·芬奇、拉斐尔、米开朗琪罗等一大批艺术巨匠。与艺术上的辉煌不同，意大利政局却属于四分五裂的状态，"国家统一"成了人们心中的渴望，马基雅维利为此身心交瘁。

温文尔雅的马基雅维利（1469—1527）

初登政坛

马基雅维利 1469 年生于佛罗伦萨，父亲是一名律师。1494 年，统治佛罗伦萨长达 60 年的梅迪奇家族被推翻，共和国随之建立。1498 年，马基雅维利负责共和国的外交和国防，这一工作对他影响很大，因为借此机会，他可以出使外国并和多个政治人物打交道。也是在这个职位上他深刻体会了"弱国无外交"的道理，开始期盼国家能够强大起来，实现意大利的统一。

宦海浮沉的经历

马基雅维利一直努力建立一支真正属于自己国家的军队（此时大多数士兵是雇佣来的），不久他提议组建国民军的立法便被通过，并且，他还在一次征服外敌的战斗中亲临作战。然而好景不长，梅迪奇家族复辟，洛伦佐·梅迪奇当政，共和国瓦解，马基雅维利被论罪下狱。虽然后来被释放，却依然遭到驱逐。后来，他只好搬到乡间居住，从此过着日出而作、日落而息的生活。洛伦佐死后，朱理·梅迪奇统治佛罗伦萨，为了改革，他向马基雅维利征求意

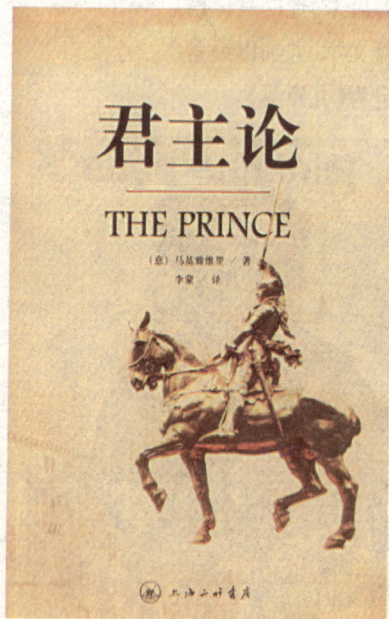

君主论

THE PRINCE

（意）马基雅维里 著

李棠 译

《君主论》书影

见，并让他写作一部有关佛罗伦萨的历史。马基雅维利写成此书后，受到朱理的称赞和奖赏。然而，天有不测风云，梅迪奇家族倒台，共和国恢复，马基雅维利梦想着得到重用，但是仍旧遭到排斥。从此，他便在寂寞与忧郁的生活中煎熬，直到1527年逝世。

"另类"的政治理论

马基雅维利最有名的著作是《君主论》。在这本书里他描述了一个君主应该通过怎样的手段才能获取权利，并维护好统治。他认为一个君主如果是为了国家的繁荣富强，即使利用背信弃义、狡猾、残忍的阴谋和手段达到目的，也不应该受到谴责，而且以上的种种手段还应该根据适当的时机灵活运用。马基雅维利的另外一本代表作《论李维》，是关于建立共和国制度的一系列描述。

死后的争议

马基雅维利虽然已经去世，但是后世关于他那本《君主论》，却一直争论不休。有的认为，那些对君主的建议，是卑鄙和残暴的；有的则对他给予了肯定和称赞，比如恩格斯就认为他是"文艺复兴时期的巨人"。以历史的角度看，在政治学上，他开始从最现实的角度来描述政治的本来面目，摆脱以前关于政治的许多空想和理想化色彩。不论是对后世君主维护统治，还是对现在的政治学理论，马基雅维利都产生了革命性的影响。

在佛罗伦萨的马基亚维利塑像

NICCOLÒ MACCHIAVELLI

历史回音壁

在西方，"马基雅维利主义"是指那些为达目的不择手段的行为，具有贬义色彩。1972年美国总统大选中，尼克松派人进入水门大厦，在安装窃听竞选对手谈话的设备时被当场抓获。尼克松因此被称为"马基雅维利主义者"，从此名誉扫地。

马丁·路德

在欧洲很长一段时间内，教皇的权力要大于各国的皇帝，其中，德意志因为被压榨得最为严重，所以被称为"教皇的乳牛"。为了改变这一现状，德意志急需一位领导者掀起反对教皇的革命，最后，领导者的使命由马丁·路德所承当。

马丁·路德 (1483—1546)，德国宗教改革家。路德曾对罗马天主教进行了一系列的批判。1525年，他与一名修女结婚，1546年，路德去世。

青年时期

1483年，马丁·路德出生于德意志。他曾学习法律，但后来专注于学习天主教神学和《圣经》。1511年，路德在朝拜罗马教廷的游历中，目睹了教廷的腐化和教士的奢侈，改革宗教的意图逐渐萌发。次年，他开始在一家修道院担任副院长并且在大学负责教授神学。

神情严肃的马丁·路德与其他拥护宗教改革的人在一起。

赎罪券

1517年，教皇利奥十世以修葺罗马圣彼得大教堂为理由，开始在德意志售卖赎罪券。罗马教廷宣称，只要购买了赎罪券，人的罪过即可得到上帝的原宥，当钱币落入钱柜的一刹那间，人的灵魂即可升入天堂。通过这种方式，教廷想达到敛财的目的。

《九十五条论纲》

面对教廷兜售赎罪券这种腐败的举动，1517年10月31日，路德在维登堡教堂的门上贴出了《关于赎罪券的九十五条论纲》(简称《九十五条论纲》)，以示抗议。在这篇论纲中，路德认为，教皇没有权力赦免众人的罪过，人们只要自己诚心忏悔，便可得到上帝的宽恕。通过金钱换取赎罪券的行为，不仅会使人们贪恋钱财，而且还会影响到教皇在人们心目中的地位。如同平地惊雷，路德的论纲很快在德意志传播开来。

改革主张

从1520年起，路德阐述自己的改革主张。第一，因信称义。"称义"指人被上帝救赎。路德认为，只要诚心信仰上帝，不用依靠教会繁琐的礼仪，人的灵魂便可以得到拯救。第二，在路德的时代，教皇宣称自己是上帝的代理人，并且禁止一般基督徒阅读《圣经》，对这种现象，路德给予了批驳，他认为，人人可读《圣经》。第三，路德向德意志各诸侯国呼吁，让他们拒绝再给教皇纳贡，并且成立德意志自己的教会，从此彻底脱离罗马教廷的控制。

主张的影响

路德的主张掀起了一场波澜壮阔的宗教改革，并产生了重大的影响。这些影响包括三方面的内容：首先，作为路德宗教改革的延续，曾追随过路德的闵采尔发动了暴力革命试图推翻教会和封建主的势力，起义虽最终被镇压，但是教会的势力却进一步受到打击；其次，以路德的学说为宗旨而兴建的新教，开始如雨后春笋般在德意志传播；最后，就像一根导火线，路德的改革引燃了欧洲其他地方的宗教改革运动。

历史回音壁

按照"惯例"，路德当时的举动会给他招来火刑的惩罚，但因为德意志的一些诸侯的支持，路德才逃过一劫。1520年，路德当众烧毁了教皇宣布他为异端的敕令。1522年，他开始将《圣经》由希伯来文和希腊文翻译成德文，这一举动促进了《圣经》的传播，并且深深地影响了德语的发展。

从左至右：菲利普·米兰芬、马丁·路德、约翰·布根哈根和卡司帕·克鲁兹格，这四个新教理论家正在进行《圣经》的翻译工作。

布 鲁诺

欧洲的封建社会被认为是"黑暗的中世纪",教皇利用手中的权力,不但大肆地压迫各国人民,而且还假借"上帝代言人"的身份,用宗教信仰钳制人们的思想。但是"哪里有压迫哪里就有反抗"是不变的道理,尤其是思想领域,布鲁诺正是在哥白尼的手中接过了"宣传科学,破除权威"的接力棒。

布鲁诺(1548—1660),"野火烧不尽,春风吹又生",布鲁诺虽死,科学却被铭记,夜空得以被照亮。

布鲁诺被处以火刑。

"异教"斗士

1548年,布鲁诺出生于意大利一个没落的贵族家庭。14岁时,他曾学习古典文学、逻辑学和雄辩术。17岁时进入修道院学习,这时,他已经被怀疑有异教徒的迹象。他24岁时担任神父,然而因为阅读并谈论"异教"书籍以及表现出对宗教教条的不满,即将面临宗教审判。布鲁诺被迫开始逃离,但是他依旧坚持批驳教会和社会的腐朽,讽刺宗教迷信。

意大利百花广场上的布鲁诺雕像

欲火英雄

因为不断地受到宗教迫害,布鲁诺曾经在日内瓦、巴黎、伦敦等地流亡。1583年,他在牛津大学讲授哥白尼的"日心说"并予以发展。其后又辗转至巴黎、德国等地,与天主教徒进行论战,主张所有宗教都应在自由辩论的基础之上和平共处。1592年,天主教宗教法庭以"异端学说"罪逮捕布鲁诺,然后将他囚禁在罗马监狱达八年之久。1600 年，布鲁诺因坚持己见被处以火刑。

对"日心说"的发展

布鲁诺发展了哥白尼的"日心说"，不但否定了基督教赖以维持的"地球是宇宙中心"的说法，而且他还认为宇宙无限，并且存在着无数个世界，每个世界有它独自的中心，但是整个宇宙没有一个绝对的中心。宗教法庭判处他"异端学说"的罪名，其中一个原因就是布鲁诺否认了基督教以前有关上帝的许多证明，他坚持唯物主义的观点，认为"上帝只不过是一位不寻常的技术熟练的魔术师"。

自由的化身

布鲁诺坚持为"日心说"的辩护，动摇了基督教"大厦"的根基，他主张的宽容精神和思想自由是对当时教会专制的有力抨击，并且一直激励着欧洲的自由运动。他面对火刑而从容赴死的举动，更是被当做大无畏的殉道者而受到后人的崇敬。

历史回音壁

罗马教廷判处布鲁诺火刑时却虚伪地声称要给予他"尽可能宽厚但又不流血的惩罚"，面对神职人员在火刑前向他举起耶稣受难的十字架，布鲁诺轻蔑地转过脸去，并讽刺道："你们宣读判决时的恐惧，要比我走向火堆时的多得多。"在今天布鲁诺当年受难的地方，矗立着后人纪念他的铜像。

教士们穿着华贵的衣服，手中的十字架就像挥舞的屠刀。由此，正可以看出教会对当时社会的控制。

伽利略

亚里士多德死后，他的哲学一度在欧洲的影响持续升温，思想界更把他当做"永不会错的"权威来看待，然而，随着自然科学一步步的发展，伽利略用科学的声音向亚里士多德喊道——"不对！"

伽利略↑

突破传统的青年

1564年，伽利略生于意大利比萨城，青年时期便喜欢在力学与数学上探索思考，并且发明了温度计和圆规。1590年，伽利略在比萨斜塔上做了关于"质量不同的两个物体同时落地"的实验，否定了影响达一千多年的错误理论，而这个理论正是出于亚里士多德和托勒密的学说。1609年，他改进望远镜并用它来观测天体，发现了太阳黑子等在当时闻所未闻的天文景观，立刻引起了很大反响。

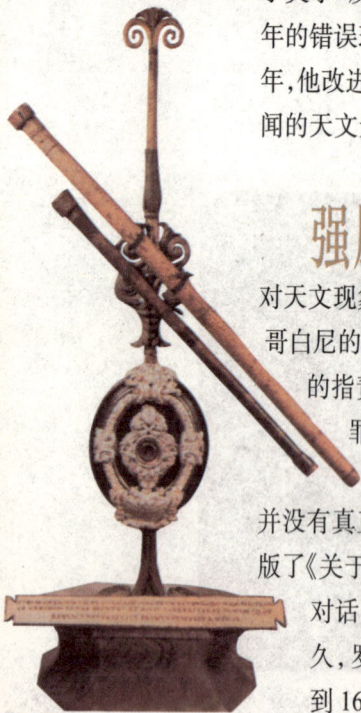

强压下的委曲求全

通过对天文现象的观察，伽利略开始支持并传播哥白尼的"日心说"，然而他的活动受到教会的指责。1616年，教皇以违背《圣经》的罪名，下令让他放弃对哥白尼的支持，虽然伽利略被迫同意，但是并没有真正放弃自己的观点。1632年，他出版了《关于托勒密和哥白尼两大世界体系的对话》，用科学依据论证了日心说。不久，罗马教廷判处伽利略终身监禁，直到1642年他在佛罗伦萨去世。

历史回音壁

有一次，伽利略听说有人发明了望远镜，能看到很远的东西。经过思考，他在一根空心管子的两端分别安装了一面凹镜一面凸镜，然后用自制的望远镜朝向天空，刹那间，一片瑰丽的"异域风光"进入了他的视野。以前人们关于宇宙都靠"想象"，而从此进入了真正"观察"的时代。

科学对话

伽利略除了著名的"落体运动实验",他还最早提出了惯性、加速运动等概念。被监禁时期,他写出了《关于两门新科学的对话》一书,进一步探索运动的规律性,在力学领域迈开了一大步;在天文学方面,他观测到有四颗卫星围绕着木星运动,直接否定了"一切围绕地球"的荒谬观点,使他更信服"日心说"。布鲁诺多次改进望远镜使其变得更加精密,并用其观察到月球表面凹凸不平的景象,认真作了实验记录。

1590 年的一天,在质疑的目光与嘲笑声中,伽利略在比萨斜塔完成了他的实验。比萨斜塔作为历史的见证者,今天依旧"健在"。

科学拓荒

布鲁诺关于"日心说"的辩护更多是大胆"推理"和哲学想象,而伽利略则给与了强有力的科学论证。亚里士多德认为世界是光滑、完美的,伽利略用月球表面的观察给予了否定。他的贡献在于不但打破了一千多年的权威束缚,而且更重要的是为"牛顿时代"的到来做了拓荒工作。

图为伽利略向文艺女神们展示自己的望远镜,并向她们介绍木星、金星、土星等天文知识。

培根

哥白尼提出了"日心说"! 哥伦布发现了"新大陆"! 达伽马开辟了新航路! 15-17世纪的这些重大成就使一些眼光敏锐的思想家认识到了自己的局限,开始关注知识和科学的重要性,培根就是拓荒者之一。

培根认为:"读史使人明智,读诗使人聪慧,数学使人精密,哲理使人深刻,伦理学使人有修养,逻辑修辞使人善辩。"

仕途风波

1561年,培根生于英国。小时候有优裕的生活环境,并且受过良好的家庭教育。年轻时曾游历法国,后来因为父亲去世及一系列变故而陷入贫困。经过自身努力,培根考取了律师资格,1584年又当选国会议员。但是他在伊丽莎白女王统治时期并未受到青睐,而直到詹姆士一世即位,他在仕途上才开始飞黄腾达,后来做过大法官,还被国王封为子爵。

位于英国剑桥大学三一学院教堂前厅的培根玉石雕像

历史回音壁

1626年一场大雪天里,培根因为想了解冷冻是否有利于防止物质的腐败,便冒着严寒做起实验来。他首先杀了一只鸡,然后在鸡的肚子里放入了适量的雪来检验他的预测。但是实验过后培根因为感染风寒,引发旧疾,不久便辞世了。

研究与写作

培根著作丰富,他曾计划写一本百科全书式的巨著——《伟大的复兴》,然后通过这本书把以前的知识重新利用科学的方法改造一遍,从而促进现有科学的发展,只可惜并未完成。其中第二部分的《新工具》为培根的代表作。此外,他的散文作品《论说文集》利用精炼的文笔畅谈人生，其中有哲理的句子数不胜数，比如"书籍是在时代的波涛中航行的思想之船，它小心翼翼地把珍贵的货物运送给一代又一代"，也正是因为这些原因，这本书流传非常广泛。除了写作，培根还进行科学实验研究，他曾经请求国王詹姆士一世号召在全国搜集资料，因为他认为，事实是研究科学必不可少的基础。

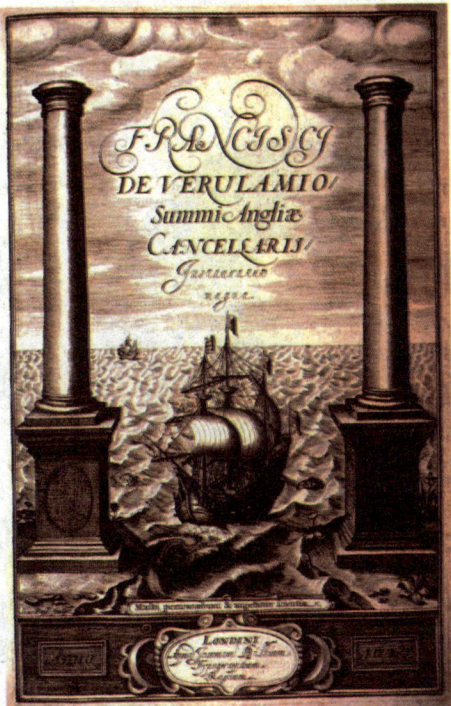

《伟大的复兴》一书的书影。书中的航船象征着培根是思想上的探险者。

重视观察实验的哲学

在《新工具》里，培根主张要像蜜蜂一样采集和整理材料，并提出用科学的方法对其进行分析、比较、选择以及排斥，"新工具"指的就是归纳法。培根反对那些脱离实际、靠空想所得的知识，因为他认为只有通过感觉和经验得来的知识才值得信赖。在总结的基础上，他提出了容易引起认识错误的四种"假象"：第一种是"种族的假相"，这是指由于人的天性而引起的认识错误；第二种是"剧场的假象"，这是因为盲目迷信权威和固守传统知识而导致出错；第三种是"洞穴的假象"，这是指因个人的性格、爱好、生长环境而产生的片面性认识；最后一种是"市场的假相"，即由于人们交往时语言概念的不确定产生的思维混乱。

实验科学的鼻祖

1621年，培根被国会指控存在受贿行为，经法院审判后他被永远驱逐出宫廷，远离政治的培根继续写作和研究，直到逝世。纵观培根的一生，他对感觉和经验的重视，使他注意科学方法的总结，并且认识到科学的意义。他的名言"真理是时间的女儿，不是权威的女儿"对当时的教条思想给予了有力抨击，而"知识就是力量"的呐喊更是今天知识时代的预言。

笛卡儿

在 17 世纪以前，许多神学家出于维护宗教利益的目的，把许多精力都花在了"服侍上帝"、"思考上帝"方面，致使大量的哲学都是洋洋洒洒但又不免空洞的议论，人的能力和精神在此时被忽视，一直到笛卡儿的哲学出现，新的局面才被打开。

笛卡儿除了哲学以外，对天文学、物理学也都很有兴趣，在宇宙演化、力学等方面都有所创见，因此，他也被称为近代科学的始祖之一。

聪慧的少年

笛卡儿 1596 年生于荷兰海牙，在他 1 岁多时，母亲便去世了。

因为小时候身体柔弱，而父亲又再次结婚，他便和祖母居住在一起，8 岁时被父亲送往一所思想活跃的贵族学校学习。笛卡儿幼年时便对各种事物充满好奇，他父亲就在信中称他为"小哲学家"。在学校期间，他博览群书，尤其对数学和物理学感兴趣。

游历与写作

21 岁时笛卡儿进入军队服役，但是并没有跟着去打仗，而是借着这次机会到各地游览。阅历的增多使笛卡儿越来越对书本的知识产生怀疑，他开始厌恶教条的理论，思考新的方法解释世界。1628 年，他移居法国，在那里断断续续地隐居了 20 年。在这期间完成了多部著作，涉及哲学、物理学、数学等多个领域，其中哲学方面具有重要影响的是《方法谈》和《第一哲学沉思集》。

历史回音壁

笛卡儿一向喜欢怀疑事物。一次，他看到关于阿基米德用凹面镜聚集阳光烧毁敌人战舰的故事后，便反复用凹面镜做实验，结果他认为烧毁战船需要一面极大的凹面镜才能办到，而在希腊时不可能有这种条件，于是他进一步得出结论："这个故事只是用来吓唬那些不懂数学和物理的人的。"

怀疑的哲学

在哲学领域,他提出"我思故我在"的论断。强调理性的重要性,主张怀疑一切,认为只有通过理性思考才能认识世界,而通过观察与感觉所得到的经验是靠不住的。哲学上把培根所代表的通过观察认识世界的学说称为经验主义,而把笛卡儿代表的主张称为唯理主义。在科学领域,笛卡儿还是解析几何的创始人,他创造了平面直角坐标系。

笛卡儿经常(图右第二人)出入于当时的上流社会。

近代哲学的"掌门"

晚年的笛卡儿更倾向于过着平静的生活,但是在1649年,热爱哲学的瑞典女王由于仰慕这位思想者,便专门派了一艘军舰来迎接他,笛卡儿推脱不过,只好去了寒冷的瑞典,最后因病去世。在哲学史上,一般把笛卡儿作为近代哲学的奠基人;在科学领域,他又同时种下了许多以后长成参天大树的科学胚芽。他的墓碑写着这样的文字:笛卡儿,欧洲文艺复兴以来,第一个为人类争取并保证理性权利的人。

三角尺、人体骨骼模型……通过这些,小小的房间里拥有了思想的大天地。

巴鲁赫·斯宾诺莎

16 世纪的西班牙因为严酷的宗教压迫和封建专制，它的属地尼德兰爆发了资产阶级革命，并且成立了荷兰共和国。17 世纪荷兰进入"黄金时代"，与西班牙相比形成了相对自由开放的氛围，许多思想者在这一历史背景下应运而生。

斯宾诺莎 (1632—1677)，荷兰哲学家。黑格尔评价他"要达到斯宾诺莎的哲学成就是不容易的，要达到斯宾诺莎的人格是不可能的"。

铁骨斗士

1632 年，斯宾诺莎生于西班牙的一个犹太人家庭，父亲是位商人，很重视他的教育，为他请来了在当地很博学的一位家庭教师。斯宾诺莎善于独立思考，这位老师便把笛卡儿的著作推荐给他，斯宾诺莎如获至宝，并认为从书中找到了真理。独立的性格以及对旧有知识的怀疑，使他逐渐远离犹太教，并最终被革除犹太教。他的行为激怒了宗教人士，并因此受到迫害。

坚持信仰的生活

斯宾诺莎为逃避迫害，移居到了当时思想开放的荷兰，白天以磨制镜片为生，晚上则进行自己的研究。有时为了想通一个问题，他会在房间里呆上几天的时间。斯宾诺莎为人简朴和善，并坚守着清贫的生活。他把自己的著作《神学政治论》匿名发表，书中批判宗教"神迹"纯属谎言，认为自由是天赋人权，引起巨大轰动。他的大部分作品，包括最有影响的《伦理学》都是在他身后发表的。在隐居的这段时间里，许多富人，包括

历史回音壁

一位绅士在拜访斯宾诺莎时，看到他衣衫简朴，就准备送给他一件漂亮的衣服，却遭到斯宾诺莎的谢绝："一个人绝不会因为穿了一件好衣服就会变得更有价值。"他又接着说："当然，使我们变成哲人的并不是遭遇，故意不注意举止和外表，则恰好证明了他精神的贫乏。"

法国皇帝路易十四、荷兰执政官等人，都热情表示想给予他资金的援助，但在绝大数时候，他会予以委婉谢绝。1673年，海德堡大学邀请他到该大学的哲学系任教，但是有一个附加条件，就是不能谈论宗教，结果，被斯宾诺莎拒绝。1677年，这位哲学家因病逝世。

学说概览

斯宾诺莎认为一切科学的最终目的都是为了道德的圆满。他提出人都有保护自己并且为自己谋利益的趋向，但是人又可以通过理性的指导，通过尊重社会的公正和秩序，使人达到善的境界；另外他倾向于国家应该建立在法律的基础之上，主张言论自由。同时斯宾诺莎重视理性的作用，认为人能够认识自然界的现象并通过理性的思考掌握自然的本质，上帝不是超自然的神，他和自然是统一的。长期隐居的生活，使斯宾诺莎养成了沉思的习惯，也正因为这样，他强调知识和思考的重要性。他认为"无知是一切罪恶的根源"。面对死亡，斯宾诺莎一直保持着平静的心态。他提出，智慧的人更应该对生活进行思考。

道德榜样

在许多西方哲人看来，斯宾诺莎具有完美的人格，并且认为他有不可企及的高尚品质，黑格尔和罗素都曾说过此类的话，而他同时也被歌德、伏尔泰等人视为"令人陶醉的神人"。他对《圣经》的批判，启蒙了人们的思想；他关于世界必然而有规律的学说，影响了科学的发展。正是因为这样的成就，他受到全世界的尊敬。在他诞辰200周年纪念日时，为了给他建造一座全身塑像，来自各地的人们纷纷慷慨解囊，这说明斯宾诺莎依旧活在人们的心中。如今，他生活的那条街道，已经采用他的名字来命名。

斯宾诺莎在和犹太教的领袖们讨论。

伏尔泰

17、18世纪，以法国巴黎为中心的启蒙运动轰轰烈烈地展开，启蒙思想家们重视理性的作用，在大力批判封建专制和教会腐败的同时，积极为资产阶级革命摇旗呐喊，伏尔泰就是一位杰出的启蒙领袖。

反抗牢笼的青年

伏尔泰1694年生于巴黎一个富有的家庭。

英国此时的资产阶级革命已取得成功，虽然法国仍旧处于封建专制时期，但幼年的伏尔泰已经接触到了自由主义的气息。中学毕业后，热爱文学的伏尔泰利用讽刺诗抨击教会以及宫廷的腐败和愚蠢。他的笔锋犀利而又充满讥诮，因此得罪了当权者，在1717年和1725年两次被投进当时的专制牢笼巴士底狱。1726年，由于国内气氛紧张，伏尔泰流亡英国，接触到洛克、牛顿等人的思想成就，写成《哲学通信》一书。

伏尔泰1694—1778），他被称做法兰西"思想之王"、"法兰西最优秀的诗人"、"欧洲的良心"。雨果曾评价说："伏尔泰的名字所代表的不是一个人，而是整整一个时代。"

坚持战斗

1729年，伏尔泰回到法国，开始了新一轮的思想斗争。他怒骂教皇是"两足禽兽"，认为"基督不过是一个凡人"。由于他激烈的言论，《哲学通信》遭到严禁，从此，伏尔泰开始长达15年的流亡。 1750年，受普鲁士国王的邀请，他前往柏林，但是这位国王并没有实行他所主张的开明的政治

历史回音壁

据说伏尔泰在病情严重的时候，曾经有教会的人来到他的床边想听听他最后的忏悔。

"您从那里来？"伏尔泰用微弱的的声音发问。

"我奉上帝的命令来拯救你的灵魂。"神父答道。

"如果真是这样，您能把上帝给您的旨意让我看一下吗？"伏尔泰讽刺道。

制度。失望之下，伏尔泰离开了柏林到瑞士定居。但他并没有远离战斗，而是仍旧与国内的百科全书派保持着密切联系。

↑伏尔泰在乡下

思想之剑

伏尔泰通过《哲学通信》以及他的文学著作，阐明了自己的思想主张。他认为"上帝只是世界最初的推动者，但不能任意干涉世界的存在及其发展，教会对人思想的控制是对人类理性的危害"。他主张信仰和言论自由："我可以不同意你所说的，但我誓死捍卫你说话的权利。"另外，伏尔泰赞赏英国的君主立宪制，讽刺国内的专制制度。

荣归故里

1778年，84岁的伏尔泰回到法国，受到巴黎人民的盛情欢迎。遗憾的是他不久便病逝，遗体被安葬在先贤祠。伏尔泰被公认为启蒙运动的领袖式人物，他常常通过文学作品比如戏剧的形式来对专制进行抨击以及倡导自由，不仅启迪了民智，而且在思想上促进了法国大革命的到来。

↑18世纪是启蒙运动高涨的时代。在那个时代里，三角板、圆规等工具是人们思考的得力助手，理性就像一道光芒，照亮了人们前进的道路。

休谟

1707年，苏格兰王国与英格兰王国签订了《联合条约》，从此大不列颠王国(今天英国的前身)成立，之后依托英格兰的经济优势，苏格兰获得了较快的发展，随之也迎来了启蒙运动，休谟就是其中重要的领导人物。

休谟（1711—1776），英国思想家。休谟曾经向一位医生求助，请他帮助治愈自己的一种疾病，这个疾病是"好学的疾病"。

"十年磨剑"

休谟1711年生于苏格兰一个没落的小贵族家庭，父母都很开明，反对当时的封建王朝复辟。1722年，小小年纪的休谟进入爱丁堡大学学习，起初，他学习的是法律，但是自己并不感兴趣。休谟习惯独立思考，他认为那些大学的教授们并不能给他新的知识，因为这些知识在书本中都可以找得到。随着读书的增多，他逐渐受到笛卡儿、牛顿等人思想的启迪，逐渐立下了从事哲学研究的志向。26岁时休谟发表了《人性论》一书，这本被他认为极重要的一部著作，在当时却没有引起社会广泛的注意，他以为没有获得反响的原因是自己的文字不好懂，于是就又写了一本小书作为介绍，令他失望的是这次依旧一片静寂。两年后他的《人类理智研究》出版，终于引起轰动。

思想主张

休谟在《人性论》中注意研究人的知识、情感、道德等内容，反映了他对人性的关注，而且他认为这是一切学科研究的基础。休谟强调只有对自然真实客观地描述并且依赖科学的进展，才是哲学正确的研究方法。他反对那些没有任何经验根

历史回音壁

休谟生前自己已经写好死后要刊发的讣闻，其中他这样描述自己："我这个人秉质温和，会克制脾气，性情开朗，乐交游而愉快；可以有眷爱，但几乎不能存仇恨；在我的一切情感上都非常有节度。"

据的假设和猜想，强调属于经验以外的一切都是不可知的。他大力批判对宗教的迷信和狂热，但又认为宗教必不可少，认为它能使人道德完善。另外，休谟在其他领域也卓有成就：在经济方面，他认为发展贸易可以促进经济和社会的发展；在政治方面，他认为文明的社会应该是一个开放社会，他的人民能够因此获得快乐。

平静而逝

在哲学方面取得成就后，休谟又利用担任大学图书馆长的机会写作了《大英国史》，一时间洛阳纸贵，成为有名的历史学家。随后他在担任驻法大使秘书期间，和巴黎的思想家狄德罗、伏尔泰、卢梭等人来往甚密，进一步扩充了他的知识视野。休谟以为人死后没有来世，并在生前就已为自己写好了墓志铭："生于1711年，死于……。"

↑ 休谟雕像

学说影响

休谟是近代哲学史上不可知论的创始人，他的贡献在于对自笛卡儿以来的理性主义的突破。他影响到了许多哲学家，康德就曾表示休谟让他从"教条式的噩梦"中惊醒。从休谟的思想中可以看出，他受到了近代不断发展的自然科学的影响，同时从他肯定个人拥有私人财产的正当权利，可以看出当时资本主义的发展对他的影响。

卢梭

18 世纪的法国正在酝酿着一场巨大的社会变革。因为新兴的资产阶级以及平民对封建王权的统治越来越不满,双方的矛盾逐渐激化。人们对自由和平等的渴望也更加强烈,卢梭敏锐地捕捉到了时代的信息,首先举起了"自由"的旗帜。

在穷困中成长

卢梭 1712 年生于瑞士日内瓦,早年在贫穷与流浪中生活,曾经当过学徒、仆役等。16 岁时,他因为得到了一位贵妇的保护,所以暂时有了生活的保障并得到了学习的机会。1742 年,法国第戎科学院以《科学和艺术的进步对改良风尚是否有益》为题,发出征文启事。卢梭看到后,有感而发,便写了《论艺术与科学》一文应征。结果荣获第一名,从此他在巴黎名声大振。而在这篇文章中,已经具有了他日后思想的胚芽。因为巴黎是当时启蒙思想者云集的地方,卢梭有机会结识了狄德罗等人,得以参加他们的沙龙。这一时期他还为狄德罗主持的《百科全书》中有关音乐的一部分撰稿。

> 卢梭(1712—1778),是 18 世纪思想最为敏锐的人物之一。他之所以被后人重视,还在于他深刻的教育理论,比如:"社会就是书,事实就是教材。""在我们中,谁最能容忍生活中的幸福和忧患,我认为他就是受了最好教育的人。"

天涯漂泊

1755 年,卢梭出版了《论人类不平等的起源和基础》,他把这本书寄给伏尔泰,没想到对方在回信中对他大加嘲讽。之后他远离巴黎的繁华而隐居,利用这段时间写出了社会政治学作品《社会契约论》、论述教育的《爱弥儿》以及文学作品《新爱

历史回音壁

1835 年,一尊卢梭的雕塑被安放在巴尔克岛上,那个"卢梭"赤脚坐在椅子上,身体前倾,右手拿着一只羽毛笔,一副若有所思的样子,雕像的基座上刻着"日内瓦公民——卢梭"。1961 年,陈毅游历至此,感慨之际留下"汝是弱者代言人,总为世间鸣不平"的诗句。

洛伊丝》，因为《爱弥儿》中透漏出对传统宗教观念的怀疑，法庭焚毁了这本书，并且下令禁止该书流传并追捕卢梭。从此，卢梭开始了亡命天涯的生活。尽管这样，因为有许多读者纷纷给他来信，向他请教，所以他还是受到了很大的鼓舞，继续着写作的生活。这一时期，他的著作有《一个孤独的散步者的遐想》《山中书简》《忏悔录》等。1770年，他在穷困中去世。

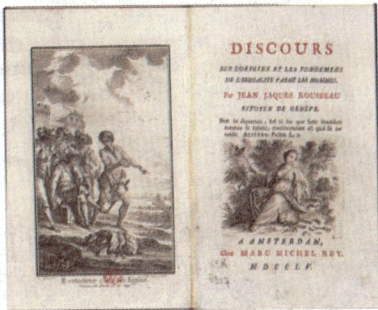

卢梭的《忏悔录》书影

尖锐的思想

卢梭指出人生来就自由平等，但是当私有制出现，产生了穷人和富人以及国家建立以后，普通人的自由就被限制和剥夺。他主张"社会契约"，认为国家应该建立在保证人民自由、平等的基础之上，它只是一个工具，目的是为了给人民服务。同时他认为科学和艺术的增长并没有使社会道德产生进步，相反，它使人们产生新的欲望和偏见。在《爱弥儿》中，卢梭提倡在教育中应尊重孩子的身心发展，培养他们自由的人格，他反对成人按照自己的模式来教育孩子。

新时代的代言人

1776年，美国颁布的《独立宣言》以及1789法国的《人权宣言》在文件的开篇便指出"人们生来平等"的观点，它们的思想来源便是卢梭。在欧洲资产阶级革命者以及那些为了争取权利的领导者心中，卢梭被当做精神明灯；在社会政治方面，他有关"社会契约"的理论，成为西方民主思想的核心内容；在哲学方面，他又深深影响了康德及其他哲学家。

卢梭塑像

康德

哲学史上把18至19世纪之间德国一些学者的哲学，称为德国古典哲学，它代表了西方近代哲学的高峰，而开创这种局面的第一位哲学家就是康德。

康德，德国哲学家。康德一生勤奋，他认为"想要成就大事业，就要在青春的时候着手"。同时他还认为"不学会幽默和风趣，人就太苦了"。

前期生活

康德1724年出生于德国一个手工业者家庭，父母共有九个孩子，康德排行老四。八岁时，受一位牧师的资助，他进入当地腓特烈公学学习，后来又就读于哥尼斯堡大学，除了做家庭教师的几年以外，这个学校伴随了他一生。1755年，康德在该校担任私人教师，为了贴补家用，他开设了很多选修课，这些课程涉及的领域广泛，包括哲学、自然科学、美学等。

历史回音壁

据说康德的生活作息时间极有规律，下午三点钟准时散步。当邻居们看见他沉思着走来时，常常忍不住看一下自己的表，如果表上的指针不对，便很快把它调到三点钟，于是康德就这样每天为大家"免费报时"。

著作经历

康德和朋友聚会 ↓

在经过多次申请教授职位失败后，1770年，康德终于被授予哲学教授，主讲"逻辑学和哲学"。康德的生活平淡而有规律，除了一次近距离的旅游外，他一生都没有远离过出生的地方。然而，这位"足不出户"的哲学家，他的思想却远达宇宙。1781到1788年，他相继发表了《纯粹理性批判》《实践理性批判》《判断力批判》三部著作，这些作品一次次冲击着人们的思想，奠定了康德在哲学史上的地位。

哲学星空

康德不同于他以前的哲学家，要么认为只有通过理性才能认识事物（例如笛卡儿），要么认为只有通过观察经验才能获得真理的观点（如休谟），他主张将两者综合起来而各取其长，这样的理论为当时思想界带来一场革命。另外，他还敏锐地指出，应该研究人类认识的能力到底有多大，有没有界限等核心问题。他的结论是：人的知识是有限的，存在"不可知的对象"。

哲学与科学的双收

1804年，康德在家乡科尼斯堡去世，许多居民都不约而同地来送别这位哲学家。康德是德国古典唯心主义哲学的创始人，他在哲学领域进行了一次"哥白尼式的革命"。三大著作的出版使他在当时成为求知者的精神导师，并且直接影响了后来的谢林、黑格尔等哲学家。除此之外，康德在早年的《宇宙发展史概论》中，论述了"潮汐延缓地球自转的假说"以及"关于天体起源的星云假说"，对宇宙科学进行了大胆的猜想，为20世纪宇宙学的发展提供了借鉴。

康德作为德国历史上最伟大的哲学家之一，深受后世的尊敬。

黑格尔

19世纪的普鲁士王国（今天德国的前身）意气风发，高昂的斗志、团结的民族，使这个国家逐步迈进欧洲强国的阵营中；与此同时，哲学家黑格尔的思想成就也达到了新的顶峰，同这个国家的强盛交相辉映。

早期经历

德国哲学家黑格尔1770年生于斯图加特的一个公务员家庭。18岁进入图宾根神学院学习神学和哲学，在这里他认识了后来主张"诗意栖居"的诗人荷尔德林，以及与他年纪相仿、但比他更早在哲学上取得成就的谢林。在大学期间，他被法国大革命所鼓舞，并且开始与朋友们讨论斯宾诺莎、康德以及卢梭的哲学。23岁大学毕业后，黑格尔选择了做家庭教师。

学术成长

1800年他与谢林合办《哲学评论》杂志。1807年《精神现象学》的出版，使得黑格尔作为一个成熟而有创见的哲学家形象，开始得到社会的关注。为了维持生计，他做了八年的中学校长，在此期间《逻辑学》出版，这本书使他获得了在大学执教的机会。1817年，他写作了《哲学体系》，在这本书里，他把逻辑学、自然哲学、精神哲学结合起来，标志着他哲学体系的形成。

哲学体系的形成

黑格尔几乎建立了一个哲学王国，思想复杂而又包罗万象，涉及哲学、历史、宗教、艺术等多个领域。黑格尔认为"绝对精神"是世界的本原，自然、人类社会和人的精神现象都是它在不同发展阶段上的表现形式。黑格尔的哲学充满了辩证的思维，他认为历史是一个有规律的变化过程，这一过程充满了矛盾，但是正因为具有矛盾，社会才有了变化的动力,旧的矛盾被解决,新的矛盾又会诞生,通过这样一个辩证的过程,历史才可能向前发展。

多重影响

1829 年,黑格尔被任命为柏林大学校长和政府代表。在他的晚年时期,他的哲学越来越受到重视。他在 1831 年死于霍乱时,他的哲学已经成了德国的主流哲学。黑格尔的著作非常丰富,除了前面所讲的作品外,他去世后,他的讲稿还被整理成《哲学史讲演录》《美学讲演录》《宗教哲学讲演录》等。黑格尔的哲学在 20 世纪达到了新的高峰,而他本人则是德国古典哲学的集大成者,后来许多哲学家或多或少都从他的哲学中受到启发。在他影响的人物中,马克思的许多观点就是直接来源于他的思想,比如精妙的辩证法。另外,黑格尔把当时的德国当做理想的社会,从而对德国后来国家崇拜的形成也产生了影响。

历史回音壁

作为哲学家的黑格尔老是念念不忘用哲学原理对科学新发现分析一番,尤其是喜欢使用他的辩证法。黑格尔对牛顿三棱镜试验得出"白光是由七种颜色的光组合而成"的结果很不以为然,还讥笑牛顿是个傻瓜,他认为白光是"光明与黑暗的结合"。

这是黑格尔讲课时的情景。

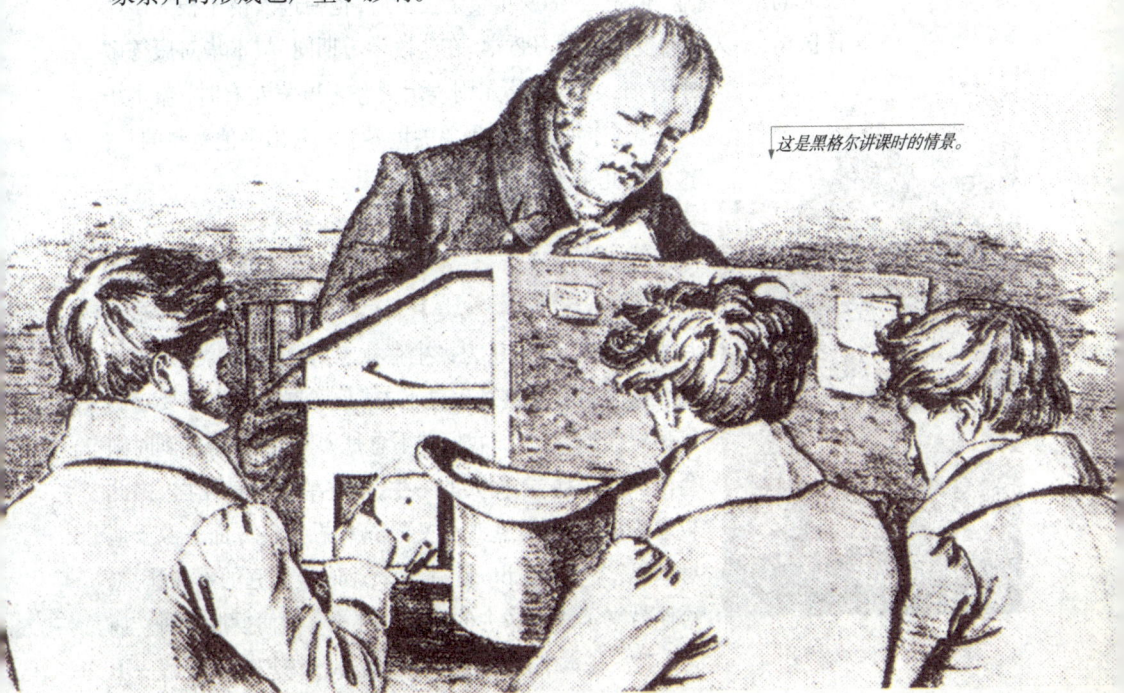

47

叔本华

19 世纪的欧洲，虽然工厂里机器轰鸣，商人们的生意日益红火，但是在这繁华的背后，却有一位哲学家产生了一种悲观绝望的情绪，并且似乎一点也不留恋人世间的"荣华富贵"，这位哲学家名叫叔本华。

叔本华，德国哲学家。他曾说过："如果不是我配不上这个时代，那就是这个时代配不上我。"

早期生活

叔本华 1788 年出生在德国但泽，幼年时，曾经跟随父母游历世界。由于富裕的家庭以及叔本华聪颖的天资，他的成绩很优秀，就掌握的语言来说，他会意大利语、西班牙语，甚至还会古代的拉丁语。起初，按照父亲的意愿，叔本华有一段时间从事商业，但是当 1809 年父亲去世后，他便进入格丁根大学就读医学，不久又改变兴趣学习哲学。在这段学习期间，叔本华对康德敬重有加，而对黑格尔则表示厌恶。30 岁左右时，叔本华出版了《作为意志和表象的世界》一书，出乎他意料的是，这本书几乎无人问津。

"悲观主义"的哲学

叔本华在他的代表作《作为意志和表象的世界》中认为："生存意志"支配着人类，人越是想在这个世界上继续生存下去，他对这个世界的要求和依赖就会越多，然而我们并不总是如愿以偿，得不到时则会使人产生痛苦，而人的一生，最终结果只是死亡。由此叔本华提出他的"悲观主义"。这种思想一方面来源于他对世界、人生的认识，另一方面，小时候家庭的不和睦，也给他带来了难以抹去的阴影。那么，如何摆脱这种"痛苦"呢？叔本华认为我们可以通过欣赏艺术来缓解一下

叔本华在德国出生时的房子↑

这种"痛苦",哪些艺术呢?比如绘画、音乐、诗歌等。但是这些也都是暂时的止痛药,叔本华借鉴佛教观念,认为只有从根本上消除欲望,才能获得解脱。叔本华的思想非常深刻,他所谈论的领域也很广泛。他很欣赏那些具有同情心的人,认为有了同情,就会产生公正,这样你就不会去伤害别人,有了同情也会有仁爱,这样你就会去帮助别人。

晚年的辉煌

历史回音壁

叔本华在柏林大学讲授时,黑格尔恰巧也在这里,因为他一直把黑格尔当做"思想骗子",便开始与他在课堂的入座率上较量,结果他的课堂上往往只有几个人,而黑格尔上课时则挤满了学生,无奈之下,叔本华从此离开讲坛并把柏林大学斥为"土匪窝"。

《作为意志和表象的世界》很长时间都被冷落,而叔本华1833年离开柏林大学后,便迁居法兰克福继续写作。与他在哲学中强调消除欲望不同的是,他一直过着富裕的生活。1851年以后直至1860年叔本华去世,他的平静生活开始被打破,社会渐渐发现他思想的价值。最后几年里,当年盛极一时的黑格尔在柏林大学的影响日渐减小,而叔本华则被热捧。

《作为意志和表象的世界》,1819年,第一版。这本书真正引起轰动,是在40年之后的1859年。

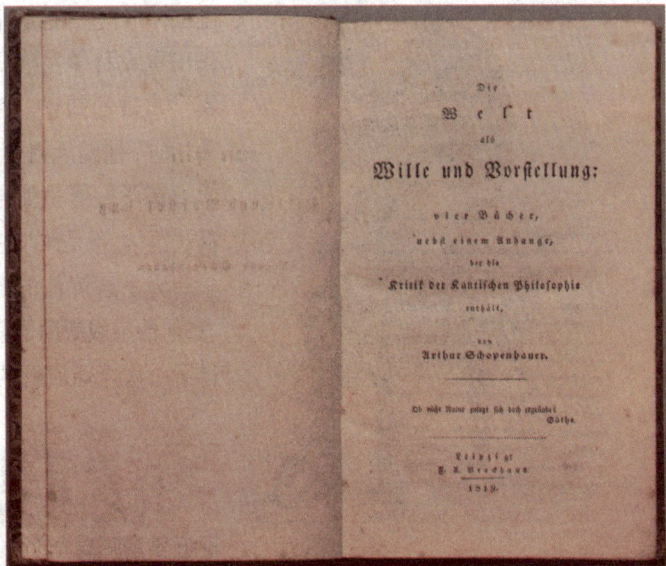

影响远播

叔本华开启了德国哲学的新一派,直接影响了其后尼采的思想。尼采曾经写作《作为教育家的叔本华》来纪念他,而莫泊桑则认为他是"人类历史上最大的梦想破坏者"。除了影响到尼采以外,他的思想在20世纪重新受到重视,被心理学家、文学家所借鉴和利用,中国学者王国维就曾利用他的悲观主义来解释《红楼梦》。

49

达尔文

达尔文 ▼

在 19 世纪之前的欧洲，上帝创造人类的说法因为宗教观念的传播，不但深入人心，而且得到广泛流传。不过，这种现象到了 19 世纪中期时，开始发生了变化，而促使大家转变观念的一个主要人物，便是进化论的重要奠基者——达尔文。

知识积累

1809 年，达尔文出生在英国一个富裕的家庭里，他的祖父和父亲都是医生。在少年时代，达尔文就喜欢制作各种动物标本，尤其是昆虫标本，这为他后来作出重大科学发现积累了丰富的知识。在大学时，他继承祖业，学习医学。但是他不喜欢医学，于是改学神学。为了磨炼他的意志，他的亲戚帮助他获得了一次全球航行的机会。

历史回音壁

有一次达尔文组织挖掘了一种剑齿兽的化石，只见那家伙身体壮如大象，牙齿却好像来源于老鼠，而眼睛和鼻孔又极似海牛。这种"怪物"引起了他的疑问，为什么不同动物的特征得以出现在一种动物身上，经过长时间的思考，达尔文才明白，许多种动物原来可能拥有同样的祖先。

英国生物学家查尔斯·达尔文（1809—1882）▲

探索发现

从 1831 年开始，达尔文乘坐"贝格尔"号军舰，进行了为期五年的环球航行。这艘军舰载着他经过世界各大洲和一些海岛,这对他收集动物标本和增长知识有着非常大的作用。当军舰抵达加拉帕戈斯群岛时,达尔文通过观察岛上动物的生活习性和体型差异,得出"物种都是会改变的"这个结论,这为他建立科学的进化思想有非常大的帮助。

震惊世界的思想

经过二十多年的思考和搜集证据,1859 年,达尔文出版了《物种起源》一书,详细描述了自己的生物物种进化思想。他提出所有的物种都是从低级物种进化而来,通过繁殖变异和生存斗争,物种向着不同方向进化,最终产生不同的物种。进化论思想一出现,立刻轰动了整个世界,尤其是对"上帝造人"等神创论思想提出了严峻挑战。在当时,英国宗教界的代表和支持达尔文学说的学者展开了持久的辩论。如今,随着长时间的研究以及科学的进一步发展,进化论已经越来越被科学家们所认同。

重大的影响

进化论被誉为"19 世纪自然科学的三大发现"之一,它对后来的科学发展有着巨大的影响。在此之前,研究生物的学者分散在各个领域,但是进化论把这些分散的门类统一起来,形成一门新的学科——生物学,而生物学是今天最重要的自然科学之一。所以,进化论并不是空洞的理论,它与我们的实际生活有着非常重要的联系。因此,达尔文受到后人无比的尊崇,进化论也成为人类历史上最重要的科学理论之一。

THE LONDON SKETCH BOOK.

PROF. DARWIN.

This is the ape of form.
Love's Labor Lost, act 5, scene 2.
Some four or five descents since.
All's Well that Ends Well, act 3, sc. 7.

这是英国收藏家霍金斯收藏的一幅旨在讽刺达尔文进化论学说的漫画。

马克思

在中国,如果提起马克思,可能许多人会想起"无产阶级革命导师"的称谓,实际上,除此之外,马克思还有很多角色,比如哲学家、经济学家等。纵观马克思的一生,他的际遇可以用"颠沛流离"来形容。而就是在不断的漂泊与流亡中,马克思坚持着思考、坚持着自己的梦想。

马克思(1818—1883),德国哲学家。

青年生活

1818年,马克思生于普鲁士的一个律师家庭,18岁时,他前往柏林大学学习法律。大学毕业后,马克思开始在《莱茵报》担任主编,因为当时上任的新国王腓特烈·威廉四世严格限制言论自由,所以当马克思发表了一篇抨击俄国沙皇的文章后,《莱茵报》即被禁止发行,因为此事,马克思也丢掉了工作。不过,幸运的是,他在此期间受到了后来成为好友的恩格斯的接济。1843年,马克思迎来了自己人生中的一件大喜事——他与相爱多年的燕妮结婚了。

工作中的马克思和恩格斯 →

流亡中的思想

1843年,新婚不久的马克思夫妇前往巴黎,次年,他写作了《1844年哲学经济学手稿》。在巴黎居住期间,他又因抨击普鲁士的专制主义,遭到法国政府的驱逐。此后,马克思开始了在普鲁士、比利时、法国等国家之间长期辗转漂泊的生涯。1846年,他与恩格斯参加了正义者同盟,不久,该同盟更名为共产主义者同盟,为此,马克思起草了同盟的纲领性文件《共产党宣言》。1867年，他又出版了《资本论》第一卷。

《共产党宣言》

1847年11月，共产主义者同盟第二次代表大会委托马克思和恩格斯起草关于同盟的理论和实践纲领，《共产党宣言》便是二人思考的结果。这篇宣言包含的主要观点有：第一，从原始社会解体以来，人类社会的全部历史都是阶级斗争的历史；第二，无产阶级必须用革命的方式推翻资产阶级的统治；第三，资本主义必然要灭亡；第四，无产阶级夺取权力后实行社会主义，并为建设一个没有国家和阶级的共产主义社会而奋斗。

剩余价值

"剩余价值"是《资本论》的核心思想之一。马克思认为，在生产商品的过程中，资本家按照市场价格向劳动者支付工资，但实际上，劳动者在规定工时内所生产商品的实际价值超过了所获的工资，这部分被资本家无偿占有的超出工资的价值，即是所谓的"剩余价值"，而剩余价值正是资本家对工人的剥削。

马克思与恩格斯雕像

逝世与影响

1864年9月28日，马克思参加了由英法德意四国工人代表组织的国际工人联合会（即第一国际）成立大会，1883年，他在伦敦去世。作为共产主义事业以及无产阶级革命的先驱人物，马克思一直被各国的社会主义运动者所尊敬。他的《共产党宣言》《资本论》等著作，同样一直是社会主义运动者的理论指南。

克劳修斯

19世纪中期，焦耳等人对热力学第一定律即能量守恒定律的发现，宣布了试图凭空制造动力，从而制造永动机的这一梦想的破灭。在科学家对热力学领域进行了这次"凿空"后，该领域还有没有其他"景色"有待发现？对这一问题，德国科学家克劳修斯最终给出了一个完美的答案。

克劳修斯

数理兴趣

1822年，克劳修斯生于普鲁士的一个普通家庭。早年，他曾在父亲担任校长的学校学习，在此期间，克劳修斯表现出对数学和物理的喜好。由于兄弟姊妹众多，他们家庭的经济条件并不宽裕。因为这个原因，克劳修斯在柏林大学就读时，为了缓解家庭的负担，他还时不时地会做些课外工作，比如担任家庭补习老师等。虽然生活比较清苦，但他的学业一直很好，1847年，他在哈雷大学取得了博士学位。

热学研究

1850年，克劳修斯被聘为柏林大学副教授，与此同时，他还有另一份工作——柏林帝国炮兵工程学校的讲师。因为对热机(将热能转化成机械能的动力机械)的思考，他开始研究法国工程师卡诺在19世纪20年代提出的关于热机工作的理论。通过钻研，他发现了热力学中的一个重要现象。

热力学定律的提出

1850年，在物理学年会上，克劳修斯提出了自己的新发现：在自然条件下，热量只能从高温物体向低温物体转移，要使热传递方向倒转过来，只有靠消耗功来实现。这即是著名的热力学第二定律。1951年，英国物理学家开尔文也发现了这一定律，但用了另外一种表述方式：不可能从单一热源吸热，并使热量完全变为有用功而不产生其他影响。虽然两种说法在表达上不同，但现代科学认为它们是等效的，可以互相推出。热力学第二定律的提出，是热力学发展中的又一个里程碑。

熵的概念

1865年，克劳修斯再一次提出了一个新概念——"熵"。按照能量守恒定律，能量不被创造，也不会消失。但是，克劳修斯认为，能量在一定的过程中却存在消耗，比如一块烧过的煤，便不能再燃烧：虽然煤中的能量转移到了其他地方，并没有消失，但是这种能量不能再被我们利用，它便成了"无效"的能量了。所以，熵就是指不能再被转化做功的能量总和。通过熵的概念，克劳修斯进一步丰富了热力学第二定律。

晚年境遇

虽然在科学上硕果累累，但是在生活中，克劳修斯却命运多舛。1870年，普法战争爆发，为了救助伤员，他组织了一支"救伤队"奔赴前线，但在一次行动中，他的膝盖却不慎受伤，之后，这一病痛一直折磨着他。令克劳修斯更痛楚的是，他的妻子在分娩第六个孩子时也不幸病逝。此后，因为不得不照顾家庭，所以他花费在研究上的时间越来越少。1888年，克劳修斯去世。他在热力学领域的辛勤开拓，为该领域起到了重要的奠基作用。

历史回音壁

在提出了熵的概念后，克劳修斯又将这一概念运用到了宇宙中，并且语出惊人：一切自然现象中，熵的总值永远只能增加，不能减小……宇宙的"熵"力图达到某一个最大值。宇宙越来越接近这一个极限的状态，当达到这个状态时……宇宙将处于某种惰性的死的状态中。"现在，科学家普遍认为这是一种错误的理论。

克劳修斯生前曾得到过许多荣誉，也获得过无数的奖赏。上图是他在1879年所获的英国皇家学会科普利奖章。

尼采

19时期末期，西方世界开始了第二次工业革命，电的发明、机器的改革等创新活动极大地促进了经济的繁荣。然而一个年轻的哲学家在这时却突然宣布：上帝"死了！"这是怎么回事呢？

尼采（1844—1900），尼采的一生是在寂寞与孤独中度过的，在他44岁生日时，为了向人们表白自己的心迹，他写下了一本自传《瞧！这个人》，文中有这样一段话："听我说啊！我是这样独特而又这样杰出的一个人，不要把我与任何其他人混淆。"

知识启蒙时期

尼采1844年生于普鲁士的一个传教士家庭，幼年时父亲病逝，没有改嫁的母亲带着他和妹妹一起生活。尼采很早便表现出诗歌和音乐方面的天赋，这一点使他以后的思想富有想象和浪漫气息。大学期间他曾学习神学和古典语言学，但是不久，他又决定放弃对神学的研究。这时尼采逐渐接触到叔本华的"悲观主义"和"唯意志论"并受到影响。在担任大学教授时，他和音乐家瓦格纳相识，来往甚密。

孤独的思索者

因为尼采的身体状况一直欠佳，所以他不得不辞去在大学的教职。这时他的思想也开始发生了变化，并渐渐地走出叔本华给他带来的阴影。1878年以后，他相继发表了《人性的、太人性的》以及用散文诗形式写

图中从左至右是：欧文·罗德、卡尔·冯·格尔斯多夫和尼采。

成的《查拉图斯特拉如是说》等书，因为他的思想不被周围人理解，社会也没有太大反应，所以尼采的人际圈越来越小，他的精神和身体状况也变得更加糟糕。尼采早期受叔本华影响，认为人生充满苦难，无法解脱。但后来他逐渐改变，提出人类受"权利意志"驱使。他反对基督教，大声呼喊"上帝死了"，指出"真

尼采曾向女作家莎乐美求婚，但是不幸遭到拒绝，失恋的打击加深了尼采的痛苦。

青年尼采喜欢音乐和诗歌，尤其热爱古希腊文学(1861年照)。

善美"并不是人生来就具有，主张推翻旧的价值观念，重新估定一切价值。由此，他提出"超人"的概念，认为应该抛弃自满、懦弱、怜悯，超人就像"大海"淹没一切，创造新的希望。尼采喜欢诗歌，他的哲学观念也常用诗歌来表达。

身后荣辱

1889年以后，尼采常常出现幻象并开始精神崩溃，最终，他被送进了精神疗养院直到去世。在尼采生前，他并没有太大影响，但是到了20世纪后，"上帝死了"的观点回荡在西方人的脑中，使他们面临新的精神危机。尽管尼采生前一直嘲笑反犹太主义，但是希特勒在第二次世界大战时期对他的许多思想，比如"超人"等理论加以歪曲改造，作为他实行独裁统治的思想后盾。

历史回音壁

尼采出生的那天正好是当时普鲁士国王弗里德里希·威廉四世的生日，这天举国上下一片欢腾。由于尼采的父亲曾经执教过四位公主，于是国王特许他以自己的名字为小尼采命名，就这样，尼采有了一个令他终生自豪的名字弗里德里希·威廉·尼采。

弗洛伊德

西格蒙德·弗洛伊德是近代心理学的一位重要的人物，他通过对人类无意识领域的研究，开创了一门崭新的学问——精神分析学。如今，精神分析学已经突破了心理学的疆土，并且延伸到了艺术、文学、哲学等多个领域。

弗洛伊德（1856—1939），奥地利心理学家。

大学学习

1856年，弗洛伊德出生于奥地利帝国的一个犹太人家庭，因为经济拮据，全家后来搬到了维也纳。1873年，弗洛伊德进入维也纳大学学习医学。在大学期间，弗洛伊德表现出了杰出的科学研究才能，这一才能的表现之一是他为了研究鳝鱼生殖腺的结构，曾解剖了四百多条鳝鱼，尔后获得了该领域在当时最重要的发现。经过大学的学习，弗洛伊德系统地接受了生理学、神经学等领域的教育。大学毕业后，弗洛伊德作为一名医生在几所医院工作。

弗洛伊德和妻子玛莎的合影

癔病研究

1881年，弗洛伊德遇到了一件对他影响至深的事情：医生布罗伊尔使用催眠法治疗一位名叫安娜·欧女士的癔症（一种精神疾病）患者，这位患者在催眠状态下说出了自己的一些被压抑的想法和经验后，症状暂时得到缓解。此后，弗洛伊德开始关注癔症的研究，并在自己的诊所内治疗癔症患者。1895年，他与布罗伊尔合著的著作《癔病研究》出版，在这本书中，弗洛伊德认为，癔病是由被压抑心理造成的，重要的是使患者把压抑的意识表现出来。

"无意识"研究

在对癔症进行研究后,弗洛伊德进一步地对人的意识进行了富有创造力的探索。他认为,人的意识组成就像一座冰山,露出水面的只是一小部分,这部分是能被我们感觉到的意识,但还有一大部分隐藏在水下,它们即是通常情况下,我们感知不到的、被压抑的"无意识"。虽然我们感觉不到"无意识",但是它们却自始至终地影响着我们的行为。

梦的解析

通过对"无意识"的研究,弗洛伊德把研究目标转向了古老的话题——梦。1900年,他出版了《梦的解析》。虽然这本书在出版后长期滞销,但是该书中的理论却是他的一大创造。弗洛伊德认为,我们回想到的梦的内容,只是"无意识"经过"伪装"后的表现形式,梦其实是很多象征,我们需要揭开它的"面纱",解读它的深层含义。

历史回音壁

弗洛伊德认为在梦中人可以获得某种满足。他举了一个朋友的例子。一天早上,这位朋友正赖在床上贪睡。这时不断有人在叫他起床,于是他便梦到自己睡在一间门上写着自己名字的病房里,此时,他就在梦里认为既然已经生病了,就可以不用起来,于是照旧呼呼大睡。

晚年境遇

1908年,弗洛伊德创立了维也纳精神分析学会,该学会在1910时发展成国际精神分析学会。随着精神分析学说的逐渐传播,这一学说开始掀起一轮又一轮的轰动效应,并引起了众多的争议和指责。1923年,弗洛伊德患上了下颌癌,此后,他一直在与病痛战斗。1933年,希特勒上台,弗洛伊德的著作被烧毁,他的出版事业也屡受打击。1938年,纳粹分子占领了奥地利,不得已之下,弗洛伊德移居伦敦,次年,他在伦敦逝世。

弗洛伊德在运用精神分析法治疗时,常让患者躺在沙发上,他则坐在患者头部后方的椅子上,以不让患者看见自己为原则,进行对话治疗。

普朗克

当人类历史的车轮驶向 20 世纪时，许多以前没有遇到的科学问题接踵而来，它们就像洪水一样冲击着当时的科学观念。在 19 世纪的最后一年里，一个思想奇迹在物理学领域发生了，这就是量子论的诞生，而它的创建者便是德国科学家普朗克。

青年立志

普朗克（1858—1947），量子论的奠基人之一，为了表彰他对科学的贡献，科学家们将一颗小行星取名为"普朗克行星"。自从量子理论于 1900 年 12 月 14 日诞生后，这一天即被认为是"量子理论的生日"。▼

1858 年，马克斯·普朗克生于德国。少年的普朗克具有很高的音乐天赋，钢琴、大提琴都是他的拿手好戏。1874 年，普朗克考入慕尼黑大学，并攻读物理学。在此期间，他的一位老师曾劝告他，物理学在当时已经被研究透彻了，物理研究人员能做的也只是补充工作，并建议他选报其他专业。面对老师的建议，普朗克表示，自己并没有发现物理学新大陆的想法，他自己只是想加深已有物理学的基础。

历史回音壁

普朗克一生虽历经坎坷，但面对别人的赞美时，却始终保持着谦虚与平和。他曾经在一次庆贺他 60 寿辰的纪念会上说道："试想有一位矿工，他竭尽全力地进行贵重矿石的勘探，有一次他找到了天然金矿脉……假如不是他自己碰上这个宝藏，那么无疑地，他的同事也会很快地、幸运地碰上它的。"

柏林时期

1877 年，普朗克进入柏林大学。在这里，他遇到了当时物理学界的一些举足轻重的科学家，比如亥姆霍兹、基尔霍夫等。与名师的引导相比，普朗克同样擅长自学。在此期间，他花费了很大的心思，研究克劳修斯有关热力学第二定律的著作。结果，努力没有白费，在毕业时，他凭借《关于热力学第二定律》这篇论文，获得了慕尼黑大学的博士学位。之后，他开始在慕尼黑大学任教。

普朗克（第二排右三）参加了 1911 年召开的第一届索尔维会议。1927年，第五届会议中，量子理论的讨论再次被提上议事日程。

黑体辐射

获得教职之后，普朗克开始把自己的研究目标对准了当时物理学研究的一个热门话题——黑体辐射。所谓的黑体辐射，是指"绝对黑体"的辐射问题，而"绝对黑体"是指一类不反射任何光而完全吸收照射在它表面的光的物体。在普朗克之前，已经有众多的科学家开始涉足这一领域，但是研究结果甚微。通过持续的研究，普朗克终于提出了解释黑体辐射的公式。

量子论的诞生

1900 年，普朗克在《德国物理学会通报》发表了一篇只有三张纸的论文，并且第一次提出了黑体辐射公式。同年的 12 月 14 日，在德国物理学会的例会上，普朗克作了《论正常光谱中的能量分布》的演讲。通过这次演讲，他宣布了一项世纪性的大发现。他提出，物质辐射（或吸收）的能量不是连续地，而是一份一份地进行的，能量值必须是某一最小能量的整数倍，这一最小能量被普朗克称为量子。自此，现代物理学两大支柱之一的量子论先期诞生了（另外一个支柱是相对论）。

晚年生活

量子论的提出，使物理学的研究进入了一个新的微观世界，并且有效地丰富了物理学的研究思想，因为这些贡献，1918 年，普朗克获得了诺贝尔物理学奖。作为一名科学家，普朗克的科学事业可谓节节攀高。然而，在科学之外，普朗克的遭际却十分坎坷，他的后半生经历了两次世界大战，在战争中，他的几个儿子先后去世，他自己也饱受战争的流离之苦。1947 年，普朗克病逝，享年 89 岁。

普朗克和爱因斯坦

约翰·杜威

19世纪末期，美国工业的发展、社会的进步，使得当时的美国人越来越相信科学的力量以及人对社会的改造作用。在这一背景下，美国的一些哲学家开始强调行动和实践，他们的哲学主张被称为"实用主义"。在这些哲学家中，杜威是其中具有代表性的一位。

芝加哥学派

杜威1859年出生在美国的一个普通家庭里，因为他的母亲受过良好的教育，所以小杜威一直在母亲的倾力栽培下成长。15岁时，杜威在当地中学毕业，不久，他升入离家较近的佛蒙特大学学习，在此期间，他开始热衷于学习哲学。1894年，杜威前往芝加哥大学任教，这时，因为他的哲学思想已经日趋成熟，且表现出很大的发展潜力，当时的哲学界便将以他为首的、同在芝加哥大学任教的哲学家的学说称为"芝加哥学派"。

约翰·杜威（1859—1952）是实用主义的集大成者，一位评论家说他是"实用主义神圣家族的家长"。

工具主义

工具主义是杜威哲学思想的核心之一。这种思想认为，人类社会中的思想、理论、概念、见解等并不是对客观对象的反映，它们只不过是人们为了达到某种目的、为了改造世界而设计的工具。既然都是工具，那么是否能帮助我们达到目的，便是检验它们有效性和价值的标准：如果一个理论顺利地帮助我们完成了某种工作任务，它即是可靠的、有效的；反之，则是无效的。

实验学校

杜威进入芝加哥大学后，担任了该校哲学、心理学、教育学系的主任，为了实践自己一直思考的教育理论，杜威开始筹建他的实验学校（也称"杜威学校"）。在建校之前,杜威以学校与社会的关系为主题,作了一系列的演讲报告。1896 年 1 月,实验学校正式开学,当时,学生只有十几人。随着实验学校影响力的扩大,学生数目也持续增长,直至该校 1904 年停止办校之时,学生人数最多时达一百四十余人。

教育思想

杜威的教育思想在 20 世纪的美国引起了很大反响,这一思想主要包括三方面的内容。第一,教育即生活。杜威认为,教育不是为了给学生的将来作准备,教育就是学生现在生活的过程,通过把教育融入生活,从而促进学生的发展。第二,学校即是社会。杜威主张,不应把学校和社会割裂开来,一所学校即一个微缩、雏形的社会,应包括工厂、厨房、农场等社会单元。第三,重视经验,重视让学生在"做"的过程中学习,避免灌输式的教育。

讲学与游历

1918 年,杜威受自己一位日本学生的邀请前往日本讲学,不久,他的中国学生蒋梦麟、陶行知、胡适等人也积极邀请他来访问中国。1919 年,杜威开始在中国进行了两年多的游历和讲学。后来,他又去了苏联、土耳其,南非、墨西哥等地,由于这些游历,杜威的思想开始在世界各地传播开来。

哲学家的尾声

1949 年 10 月 20 日,这天是杜威 90 岁的生日,在向他表示祝贺的人群中,不仅有学术界的同仁,还有一些本国及外国的政界领导。1952 年,杜威逝世,享年 93 岁。在一生的时间里,杜威始终保持着勤于写作的习惯,《哲学改造》《民主主义与教育》等著作便是他留给后世的精神财富。

约翰·杜威在他 90 岁生日的庆典宴会上:在他到场时,大家起立鼓掌。

希尔伯特

进入 19 世纪以后，许多自然科学取得了前所未有的成就，并且各个学科也逐渐沿着更专业的方向发展，其中就产生了一些在某一领域获得极高水平的大家，希尔伯特在数学学科里就是这样一位人物。

希尔伯特，(1862—1943)，德国数学家。他善于提出问题，并指出："只要一门科学分支能提出大量的问题，它就充满着生命力，而问题的缺乏则预示着发展的衰亡和终止。"他对未来充满信心："我们必须知道，我们必将知道。"

数学志向

1862 年，希尔伯特出生在德国哥尼斯堡，因为良好的家庭环境(父亲是法官，母亲是一位知识女性)，他较早地接受了科学启蒙。小时候，他便表现出不一般的数学天赋，考试成绩常被评为"特等"。在哥尼斯堡大学选择专业时，他的父亲想让他从事待遇优厚的法官职业，但是他拒绝了并选择了数学。1885 年，他获得博士学位，按照自己的志愿选择留校做了一名数学教师。

"数学问题"

希尔伯特在哥尼斯堡大学从讲师一直做到正教授，同时他也在数学领域不断突破，先后获得多项国际性数学大奖。1900 年，希尔伯特在巴黎举行的第二次国际数学家代表大会上作了著名的"数学问题"的发言，一次性提出了在未来时间内需要解决的包括"哥德巴赫猜想"在内的"23 个问题"。这一演讲指出了 20 世纪数学学科的研究方向，其中一些问题至今还没有获得完美的解释。

历史回音壁

希尔伯特向来治学严谨，有一次他打断了一位兴致勃勃的演讲者："先生，恕我冒昧，您根本不懂什么叫微分方程。"演讲者非常尴尬，转身走下讲台躲到了隔壁的阅览室里。听众这时都责怪希尔伯特的冒失，但是他自信满满地说道："他就是不懂，否则他去阅览室干吗？"

数学成果

希尔伯特通过集中精力、盯紧一个问题研究的方法，在各研究领域以及深度上都达到了新的水平。他先后研究的内容有不变量理论、代数数域理论、几何基础、希尔伯特空间等。1899 年，希尔伯特出版《几何基础》一书，通过把欧几里得的几何学整理为从公理出发的纯粹演绎系统并注意研究公理系统的逻辑结构，创立了元数学和证明论。另外他的重要著作还有《数论报告》《相对阿尔贝尔域理论》等。

希尔伯特和他的朋友在讨论问题

数学魅力

1910 年，希尔伯特由于创造性的数学思想而获得数学界的最高奖项"鲍耶奖"。科学界认为他的数学研究具有探索范围广泛、研究问题重要、研究方法简洁优美、叙述清晰明了等特点。第一次世界大战时期，希尔伯特拒绝在为掩饰德国发动战争罪行的《告文明世界书》上签字，也显示了他在数学贡献之外，拥有着强烈的正义感。

哥廷根大学数学系。18 世纪，数学家高斯开创了哥廷根数学学派，在希尔伯特的努力下，这一学派曾成为世界数学的中心。

罗素

西方进步的知识分子有一个优良的传统，那就是他们并不总是待在书斋里探究学术，而是会经常走出去投身到社会中间，承担社会一分子应尽的责任和义务，罗素就是这样一位杰出的代表。

罗素(1872—1970)

怀疑自己

1872年，罗素生于一个英国的贵族家庭，因为父母早逝，他便由曾两度担任英国首相的祖父抚养。18岁时，他考入剑桥三一学院，学习数学、逻辑学、哲学，毕业后以优异的成绩留校任教。早期学习中，他倾向于绝对唯心主义，但后来与哲学家摩尔等人一起发起了对唯心主义的批判。此后他秉承怀疑主义，提出"我绝不会为了我的信仰而献身，因为我可能是错的"的观点，勇于面对自己的错误并进行改正。20世纪20年代，罗素创办了一所私人学校，梦想实践自己教育理想，即尊重孩子并培养他们良好的品格。

一头银发，敏锐的头脑，坚毅的眼神，这就是罗素的形象。图为罗素准备发表演讲。

和平卫士

罗素不仅在哲学以及数学等领域卓有成就，在社会活动方面，他还是世界和平的积极推动者。早在1916年，罗素就因对英国参加第一次世界大战提出抗议而遭到校方解聘。第二次世界大战后，他多次对核武器的制造和实验提出批评，1955 年发表《罗素－爱因斯坦宣言》，主张应用和平的手段解决国际争端。20 世纪 60 年代，当美国发动对越南的战争时，罗素与法国哲学家萨特积极组织"战犯审判法庭"，对美国政府的行为予以谴责和抨击。

思想概略

罗素 1913 年与人合作出版《数学原理》，通过对数学和逻辑学的研究，提出数学可以从逻辑原则中演练出来。继而他将逻辑学应用于哲学分析当中，主张研究哲学应该以逻辑为工具，做到清晰有力地"把人类认识上的虚荣矫饰减少到最低限度，并运用最简单的表达方式"。另外，他认为应该降低道德对人类本能和欲望的束缚，肯定对快乐的追求。

荣誉满身

罗素的《数学原理》在逻辑学史上具有重要地位，而他对"分析哲学"的贡献又使他成为 20 世纪举足轻重的哲学家。1949 年，英王向罗素颁发了最高"荣誉勋章"。1950 年，罗素因为不断追求"人道主义理想和思想自由"，他的著作《西方哲学史》荣获诺贝尔文学奖。晚年的罗素经常以高龄斗士的形象出现，在当时的青年人心中具有很高的威望。

历史回音壁

罗素在中国游历时期，曾经有一次坐着竹轿欣赏山野风光，因为山路崎岖陡峭，他有些同情两名抬轿的中国人，心想着他们一定很悲苦，但是出乎他意料的是，这两个人说说笑笑，停下来时还有滋有味地抽着一袋烟，罗素看到这里非常欣赏，认为中国人很懂得生活的意义，并善于调节自己。

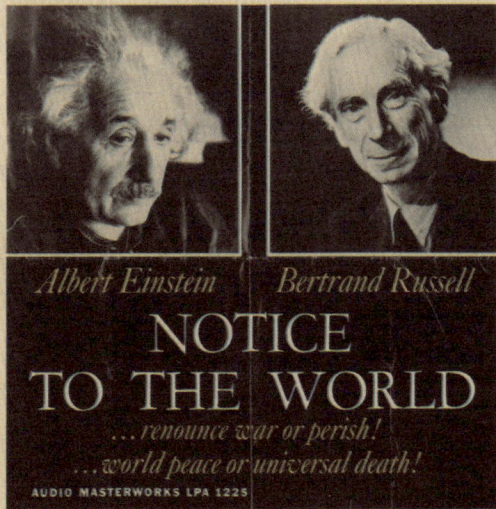

Albert Einstein   Bertrand Russell

NOTICE TO THE WORLD

...renounce war or perish!
...world peace or universal death!

AUDIO MASTERWORKS LPA 1225

罗素著名的《罗素－爱因斯坦宣言》发表后，促成了帕格沃什科学和世界事务会议，从而引发了一场著名的科学家国际和平运动——帕格沃什运动。

爱因斯坦

18世纪牛顿创建了经典物理学体系后，便一直被当做"科学之神"来看待，这种状况延续了将近200年。进入20世纪后，在科学发现增多的同时，科学家研究的视野也在不断扩大，这时就需要一种崭新的理论来解释新的现象，相对论便在这一背景下由爱因斯坦首先提出。

爱因斯坦（1879—1955），20世纪伟大的科学家之一，同时也是一位执着于理想的人，他曾说过："不管时代的潮流和社会的风尚怎样，人总可以凭着自己高贵的品质，超脱时代和社会，走自己正确的道路。现在，大家都为了电冰箱、汽车、房子而奔波、追逐、竞争……但是也还有不少人，他们不追求这些物质的东西，他们追求理想和真理……"

科学"奇迹"

1879年，爱因斯坦生于德国，因厌恶传统的教育模式以及家庭搬家等因素，他便只身前往瑞士苏黎世大学学习物理学。毕业两年后，爱因斯坦在专利局从事一项专利技术鉴定工作，并且坚持在业余时间进行物理研究。1905年被称为是爱因斯坦的奇迹年，因为在短时间内，他接连发表了具有突破性意义的三篇论文，其中就有"狭义相对论"的内容。经过进一步研究，1915年，他发表了"广义相对论"。

狭义相对论

根据爱因斯坦的狭义相对论可以推出：如果物体处在一种高速的运动状态中（比如接近光速），那么这个物体所经历的时间间隔就会变长，而它的"长度"则会"缩短"。这个理论也被称为"钟慢尺缩"：运动的钟比静止的钟走的要慢，当速度接近光速时，也就几乎处于停止的状态；高速运动的尺子会渐渐缩短，直至缩成一个点。

LIGHTS ALL ASKEW IN THE HEAVENS

Men of Science More or Less Agog Over Results of Eclipse Observations.

EINSTEIN THEORY TRIUMPHS

Stars Not Where They Seemed or Were Calculated to be, but Nobody Need Worry.

A BOOK FOR 12 WISE MEN

No More in All the World Could Comprehend It, Said Einstein When His Daring Publishers Accepted It.

1919年11月10日《纽约时报》刊登了相对论被证实的消息，文章称这是爱因斯坦的大胜利。

广义相对论

1915 年 11 月 25 日，爱因斯坦发表了有关"广义相对论"的论文。在这篇文章中，他认为光线在经过巨大的星体时会发生偏折现象，继而提出空间实际上是弯曲的思想。1919 年 5 月 25 日，英国科学家艾丁顿通过在非洲普林西比岛对日全食的观测，证实了爱因斯坦光线偏折的预言，从而对广义相对论给予了科学的支持。此后，爱因斯坦开始成为家喻户晓的人物。

历史回音壁

爱因斯坦提出相对论后，许多科学家都难以理解，有人拿给他一篇《一百位教授出面证明爱因斯坦错了》的文章，爱因斯坦阅读后笑着说："人多就可以证明我错了吗？真理是靠事实说话的，只要一个人真正拿出证据说明我错了，我就很感激了！"

喜忧参半

成名后的爱因斯坦在科学研究的同时，还积极奔走呼吁世界和平。虽然他在 1939 年建议美国总统罗斯福抢占先机制造原子弹，但是他同样意识到了日益逼近的核威胁，因此在二战结束后，他便倡导和平利用核能。

新科学的诞生

1955 年，爱因斯坦逝世。与哥白尼创立的"日心说"一样，爱因斯坦的相对论也被认为是物理学界的一次革命，它打破了自牛顿以来在物理学领域被认为是"金科玉律"似的一些理论，从而为物理学的发展开辟了一条新的道路。而相对论的提出，对后来大爆炸宇宙学、黑洞等理论以及 GPS 全球定位系统等实际应用的发展，无不具有重要的影响。

根据相对论，火箭在高速运动的时候，它的长度会收缩，其内部的时钟则会变慢。

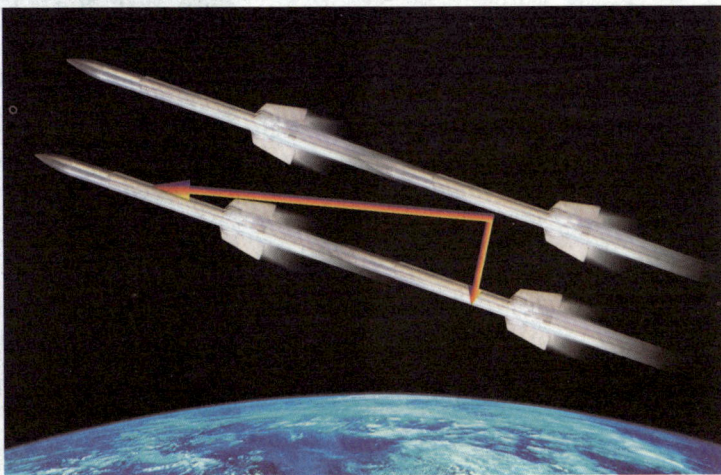

尼 尔斯·玻尔

作为 20 世纪物理学的支柱理论，量子论是许多科学家用心血建造的智慧宝库，如果在这宝库中塑起一座雕塑以作为纪念，那么尼尔斯·玻尔会是最合适的人选。这是为什么呢？

玻尔（1885—1962），爱因斯坦曾这样评价他："他不但具有关于细节的全部知识，而且还始终坚定地注视着基本原理。他无疑是我们时代科学领域中最伟大的发现者之一。"

诺贝尔奖

1885 年，玻尔生于丹麦的哥本哈根，因为他的父亲常常和一些科学界的朋友在家里讨论，幼年的玻尔耳濡目染受到科学的启蒙。除了热爱科学以外，玻尔还是个足球迷，由于成绩出众，玻尔被选入国家队。1908 年，他作为一名替补门将，还参加了伦敦奥运会。大学时期他选择了物理学，因为一篇论述水表面张力的论文，他获得丹麦科学文学院的金质奖章。27 岁时他进入物理学家卢瑟福的实验室，这对他以后的科学生涯起到了重要影响。1920 年，哥本哈根大学理论物理研究所成立，他开始担任所长，这个职务一直保持了 40 年之久。1922 年，玻尔因为对原子结构理论的贡献，与爱因斯坦同年获得了诺贝尔物理学奖。

玻尔与爱因斯坦在讨论问题

忧喜核能

20 世纪 30 年代，希特勒取得政权后，大肆迫害犹太籍科学家，玻尔曾经亲赴德国积极营救他们。最后鉴于形势严峻，他自己也被迫离开前往美国，并且立刻参与了当时研发原子弹的"曼哈顿计划"。二战结束后，他意识到核武器的扩张会给世界带来毁灭性的威胁，1950年发表《致联合国的公开信》，主张建立一个开放的世界来对核武器的研究进行国际监督。1952 年，在玻尔的倡导下，"欧洲核研究中心"成立，他被推选为第一任主席。

玻尔在作演讲

玻尔模型

早在 1913 年，玻尔就在英国《哲学杂志》上分三次发表了他的《论原子构造和分子构造》一文，被称为"伟大的三部曲"，在这篇论文中，他提出了被称做"玻尔模型"的原子结构理论。20 世纪30 年代，玻尔敏锐地指出由中子引起核裂变的是铀-235，这一预言推进了对重核裂变的研究，同样对原子弹的研发有着重要意义。另外他提出的"互补性原理"，使科学思想上升到了哲学的高度，对科学研究起到了指导作用。

哥本哈根精神

1962 年，玻尔去世，而就在前一天，他还在黑板上研究了有关量子论的问题。玻尔的一生创造了极大的成就，他对量子力学的研究形成了著名的"哥本哈根学派"，而他一直积极倡导的在科学研究中"自由思考和讨论，高度的智力活动，快乐而大胆的科学涉险精神"这一治学态度则被称为"哥本哈根精神"。在20 世纪的整个物理学界，玻尔的思想和行动不断启发和影响着他的后辈们。

历史回音壁

第二次世界大战时德军侵占了哥本哈根并且闯进了玻尔的家里，为了不让德军抢走那枚诺贝尔金质奖章，情急之下他便把奖章放进了化学溶液中，随后奖章很快被溶解。躲过这场灾难后，玻尔又重新从溶液中将金子提取出来，另行打造了一枚奖章。

萨特

20世纪发生的两次世界大战，不但造成了巨大的人员伤亡和财富浪费，同时也使人们受到了莫大的精神打击。这种影响通过哲学、文学以及艺术等形式反映出来，萨特就是这一时期思想家的代表之一。

萨特（1905—1980），萨特不但长得其貌不扬，而且还被称做"小个子"。尽管如此，他从小志向远大，说自己既要做斯宾诺莎，又要做司汤达。

图中的人物分别是：哲学家萨特（中），女权运动的倡导者之一、萨特的伴侣波伏瓦（左），古巴革命的领导者之一切·格瓦拉（右）。

文学"哲人"

1905年，萨特出生在法国的一个海军家庭。幼年寄居在外祖父的家里，他在自传中曾提及自己在这一段时间内，大量阅读书籍并时常写出一些小作品。1924年，萨特考进巴黎高等师范学校学习哲学，接触到胡塞尔、海德格尔等人的学说。起初他以文学家的形象闻名，先后出版了《墙》《恶心》等作品。1940年萨特在法国军队服役时，被德国纳粹士兵抓获而在一年后逃离。凋敝、残酷的战争世界催生了萨特的哲学思考，1943年前后，他的哲学代表作《存在与虚无》和《存在主义是一种人道主义》问世。

书籍封面上的萨特

存在主义

萨特的哲学被称为"存在主义",这种哲学认为:"他人是地狱,世界荒诞而令人恶心。"但是他并不主张消极面对挫折和世界的束缚,而是提倡个人自由,认为每个人只有自己能对自己负责,勇于作出选择并付出行动,才能创造出自身的价值和实现人生意义,也只有这样,人才能称之为人。

投身社会

第二次世界大战后,萨特积极投身社会活动,并且创办杂志和主编报纸来宣传他的思想。当阿尔及利亚爆发脱离法国的独立战争时,他予以声援和支持。20世纪50年代,萨特还曾受邀访问苏联和中国,但当苏联入侵匈牙利等国时,他同样予以严厉谴责。因为萨特的哲学思想常以文学作品来阐释,1964年他获得诺贝尔文学奖,但他以"不接受官方的荣誉"为理由拒绝领奖。

饱受争议

1980年萨特去世,参将葬礼的人达数万之多。他提出的"人的选择决定人的意义"的观点,发展了"存在主义"哲学,激励了战后人们走出颓废消极的精神状态,成为一代人追捧的对象。在后半生,他因为经常出现在被认为是激进的社会活动中,引起了各方面的争议。

历史回音壁

有人向萨特问起对美国宇航员登上月球这一事件的看法,萨特表现出很不屑的样子,他认为我们人类应该需要更加重视自己的品德,不去对美国侵略越南这样的罪行反思,反而喋喋不休、大肆炒作登月"这种完美的技术成功"是很可悲的。由这段话可以看出萨特富有人道主义的责任感。

中国篇

结束了西方哲学的旅程,我们即将进入中国哲学的花园。与西方相比,中国同样具有源远流长的哲学史以及众多可思可敬的思想者。他们在自己生活的年代,或者关心人世间的悲欢离合,或者冥想宇宙万物的生老病死。在几千年后的今天,我们依然能够聆听到他们的呼吸声。

老子

公元前7世纪左右，古希腊史上最早的一位哲学家泰勒斯就生活在这一时期，而在遥远的东方，正处于西周末年的中国社会，同样产生了一位重要的哲学家，他就是老子。

传奇身世

老子，大约生于公元前600年，姓李名耳，今河南人。因为老子在当时掌管国家的图书和档案，所以博学多闻。他身世模糊的记载，以及深邃的思想，使后人关于他的出生有很多传说，有的讲他的母亲怀胎81年才生下他，有的认为老子刚出生时就像一个小老头。

历史回音壁

孔子听说老子博学多闻，就前去向他请教有关"礼"的问题。老子认为孔子所说的"礼"不但首先倡导它的人早已死去，而且在当今社会谈礼也已经过时。孔子辞谢老子后，认为老子就像天上的龙一样，不可企及。

云游四海

在老子生活的年代，周王朝的势力日渐衰弱，老子看到自己的才能无用武之地，便

老子像。老子是中国古代第一位真正意义上的哲学家，他理想中的国家是：国家很小，百姓也少，邻国和邻国离得很近，连鸡和狗的叫声也都能互相听见，在这样的国家里，大家过着平静的生活。

开始游历天下。据记载，当他经过函谷关（今河南灵宝）时，当地的官员极力想让他留下一些"墨宝"以作留念，老子推脱不过，便写了一篇五千多字的文章，这就是以后引起许多人沉思和争论的《道德经》。在此之后，老子的踪迹便没有了确切的记载。

深奥的《道德经》

《道德经》的文字精炼而又深奥，它是现在我们了解老子思想的主要依据。老子主张"无为而为"，认为应该返璞归真，效法自然。他的文章里流动着朴素的辩证法，比如他的名言"祸兮福之所倚，福兮祸之所伏"，就告诉我们既要居安思危，也要知道"塞翁失马，安知非福"的道理。此外，老子非常欣赏流动的水，认为它含有多种美德。虽然《道德经》只有五千多个字，但是关于这本书的解释却是连篇累牍。在某种程度上它与儒家学说一样，影响了几千年中国人的心灵生活。

一个白须老翁骑着一头青牛，悠然自得地漫步。这幅画中的内容已经成了老子的经典形象。

多重影响

老子身世的传奇色彩尤其是他玄奥的思想，在文化、宗教、政治等方面对中国社会产生了深刻的影响。在文化方面，他是"道家"学派的哲学源头，直接影响了庄子等人的学说，而他对自然的崇尚同样成了古代书画等艺术形式的精神追求；在政治上，他的"无为"思想，使政治家们重视休养生息与轻徭薄赋；东汉时道教产生，尽管老子本人与道教没有任何关系，但是他被奉为道教的创始者，从此影响了道教的教义和文化。

1973年出土于长沙马王堆汉墓中的帛书《道德经》。

77

孔子

2500年前的中国大地,正处在社会大变革的时代,这一时期为各种新思想的诞生创造了条件。位处东方的鲁国是一个小国,但是谁也不曾想到,在这个地方,会出现一位影响未来社会两千余年的大思想家,他就是孔子。

成长之初

据史料记载,在公元前551年,孔子出生在鲁国陬(zōu)邑(今山东省曲阜),取名孔丘。虽然早年生活十分艰苦,孔子依然好学多问,曾经拜访过多位名人,因此他的学识增长很快。在成年后,孔子曾经受到鲁国重用,提出许多治理国家的良策。因为孔子的治国方略深得国君欣赏,因此孔子很快遭到官僚的排挤。

孔子。孔子对中国人的影响,可以说深入心灵之中。他的名言之一是:己所不欲,勿施于人。意思是:你不喜欢的事情,同样也不要强加与别人。

周游列国

公元前500年左右,孔子开始带着弟子周游列国。他们先是去了卫国,但是他的思想并没有受到当时统治者的青睐,而当时卫国统治者只是以结交孔子来附庸风雅,并没有重用他的打算,孔

孔庙里孔子像

孔子喜爱音乐,在听了闻名的韶乐后,久久沉醉其中,以致吃肉时,也只想着音乐,竟忘记了肉的滋味儿。

子只好离开卫国。在此后十余年时间里,孔子先后云游曹、宋、郑、陈、蔡、叶和楚等国,都没有得到重用。在晚年时,鲁国重新请回已经扬名四海的孔子,称誉他为"国老"。孔子晚年居住在自己家乡,过着整理书籍和教书育人的生活。公元前 478 年,孔子在家乡去世。

政治理想

孔子治理宋国时,就提出了"尊礼重教"的思想,他认为所有的诸侯都应该臣服于天子,而大夫又应该忠于诸侯和天子,这种思想曾经得到统治者赏识。但是后来孔子的思想以"仁道"为核心,这在战乱不断的春秋时期,是不太可能得到支持的。

"万世师表"

孔子的思想对后世影响极深,在封建制度确立后,儒家成为唯一一种被封建统治者尊崇和提倡的社会思想,并且在从汉代开始长达两千余年的时间里,一直占据着东方思想界的统治地位,孔子也因此被后世称为"万世师表"。

历史回音壁

太宰曾经看到孔子做过许多看似难登大雅之堂的事情,十分惊讶,就对孔子的弟子子贡说:"夫子是圣人吗?怎么会做这么多事情啊?"子贡回答道:"上天本来就要让夫子成为圣人,所以会做的事情很多。"孔子知道这件事后,就感慨地说:"太宰真是不了解我啊!我少年时家境艰难,因此能做一些粗鄙的活。那些君子要做这么多活吗?不需要啊。"

孙子

春秋战国时期,诸侯们为了争夺霸主地位,往往兵戎相见。在这样的社会环境中,那些精通兵法、善于治军的谋臣武将便会受到重用。在这些人中,有一个人,他不仅仅决胜千里,而且还把自己的用兵心得记录了下来,这个人就是孙子。

毛遂自荐

孙子本名孙武,公元前535年生于齐国。早年对军事产生兴趣,通过阅读古代《军政》等有关战争理论的书籍,渐渐形成自己的军事思想,写成《孙子兵法》一书。后来,孙武游历到吴国,为了取得吴王阖闾的信任,他便献出了自己的这本书,吴王初次阅读后,就对此书极为称赞。

孙武像。孙武的名言是"不战而屈人之兵,善之善者也"。这句话的意思是不通过刀光剑影而取得战争的胜利,那才是最高的境界。言外之意是通过外交战、心理战等不流血的方式获得胜利。

施展抱负

取得吴王信任的孙武随即受到重用。因为此时正值"吴楚争霸",起初吴王意欲大举进军楚境,但孙武认为楚国总体实力强于吴国,不宜大动干戈。公元前506年,孙武提出集中力量攻打楚国的时机已到,吴王采纳了他的建议,于是联合附属于楚的蔡、唐两国攻打楚国,一举在柏城大败楚军,随后长驱直入,攻占楚都郢城,创下了以3万兵力击破楚国20万人马的记录。虽然最终并未实现灭楚的愿望,但经此一

《孙子兵法》竹木简碎片

战,楚国受到很大的削弱,而吴王声威大震。

兵法精要

孙武的著作《孙子兵法》又称《孙武兵法》,它是我国乃至世界经典的军事理论书籍。这本书包含十三章,内容博大精深。孙武在书中开篇首先提出战争之重要,关乎国家存亡,继而通过论述缜密备战、紧抓战机、虚实并用、因地因时布阵行军以及适时使用离间计等方面较为系统地阐述了他的军事思想。虽然《孙子兵法》整篇都在谈论战争,但是,孙武认为如果能用智谋化干戈为玉帛,那才是上上策,而战争的方式,只有在万不得已的时候才能使用。

"兵圣"的影响

在后世,孙武被称为"兵圣",《孙子兵法》更是被奉为经典,像曹操、杜牧等都曾为它作过注解。因为孙武将辩证理论融入兵法,又同时考虑天时地利等外部因素,重视用兵者的个人素质,使得他的思想超越了军事,而含有深刻的哲学内涵。如今他的影响在地域上已走向世界,在应用范围上也被管理学、心理学等学科所借鉴。

历史回音壁

为了验证孙武的军事才能,吴王阖闾让他试着把自己的后宫妃嫔组建成一支军队。起初,那些妃子不但无视孙武的军令,而且不断起哄打闹。于是,孙武就以藐视军法罪将两个带头的妃子处斩,这才将其余人震慑住,而等到孙武邀请吴王观看队伍严整的"娘子军"时,吴王却因为痛失妃子,伤心不已。

春秋战国时的"战车"

墨子

战国时期的社会动乱常常造成尸横遍野，百姓流离失所的惨剧，面对这种社会局面，思想家们提出了各种学说，表现出了不同的态度，其中，墨子的学说则是直接对战争的批判。

自立门户

墨子，大约生于公元前479年，历史上有关他的准确记载很少，出生地及其姓名都有争论，一般认为他名翟。墨子早先时候跟随儒家学习过礼法，但最终放弃并起来反对儒家，自创墨家学说，成为一派"宗师"。

墨子像。墨子在战国时有着特殊的影响：一方面是因为他的主张和学说；另一方面，是因为他一双草鞋、一身破衣，对待自己的学说，能够说到做到，身体力行。因此，墨子拥有很大的人格魅力。毛泽东曾高度评价墨子，认为他是一个劳动者，是一个比孔子更高明的圣人。

墨家组织

墨家内部有很严密的组织形式，他们的成员讲义气重承诺，效忠国家，崇尚自制且纪律性强，并能坚持过一种清苦的生活。在墨家的组织中，首领被称为"钜子"，墨子就是第一位"钜子"。有一次，楚国准备进攻宋国时，墨子就率领他的弟子们帮助宋国建立了军事防御。

思想精华

墨子的时代一如孔孟所处的时代，战乱频繁，百姓苦不堪言。在这种背景下，墨子反对战争，提出"非攻"；看到战争的残酷，社会的冷漠，他提出"兼爱"，主张"我为人人，人人为我"，要大家爱别人就像爱自己一样；为了社会安定、国家富强，他提出"尚贤"，建议君主要亲贤臣、远小人。在墨子的思想中，还有一种可贵的平等观，即王侯将相和贫苦百姓并无差别。纷乱的社会，百姓困苦的生活，使墨子看到节俭、朴素的重要性。他和他的弟子们身体力行，自觉抵制奢侈、享乐的活动，鼓励人们自力更生，多劳者多得，不劳者不得。墨子除了他的哲学、政治主张外,他和弟子们所著的《墨子》一书,也是中国古典典籍中罕有的一朵奇葩。这部书内容广博,包含军事(如何守城、攻城)、物理(研究了杠杆、小孔成像等理论)、数学(对圆的讨论)等,只可惜在古代这些科学内容,并没有受到太大的重视。

流行与冷落

墨子的这些主张因为很有冲击力,所以在当时就很流行,早先与道家学说"并分天下",后来又与儒家学说"遥遥对峙"。孔子主张人的地位应有高低之分,墨子说没有;孔子提倡厚葬,守丧三年等,墨子认为应该节俭。两派虽然有许多不同,但墨家却不反对儒家的核心观念:仁与义。随着后来儒家思想成为封建社会的主流观念,墨家和其他流派一样,处于受抑制的状态,逐渐被社会所冷落。但是,它提倡的"兼爱"、"非攻"、"尚贤"等理论,在今天看来依然光彩熠熠。

历史回音壁

一次,耕柱子忍不住向墨子抱怨:"老师,难道我就处处不如人吗?你干嘛老是责备我?"墨子随口便问:"你觉得我如果要登一座高山,用一匹马还是用一头牛呢?"耕柱子不假思索地回答:"当然是用马了!"墨子笑说"为何?"耕柱子答道:马有更大的潜力呗!墨子便说:"我责备你,也是因为你有成为优秀者的潜力!"耕柱子大悟。

云梯是古代用来攀登城墙的机械,一般认为是战国时期鲁班的发明。有的云梯因为有轮子,可以推动着行驶,所以也称为"云梯车"。墨子也是一位能工巧匠,《墨子》中,就有有关城门、兵器制造的相关论述。

孟 子

传说孔子曾经有弟子3000人，其中贤能之士就有72人，在得到孔子的教诲后，他们奔走四方，将老师的思想带向各国，开始培养新一代的儒生，孟子就是一位优秀的继承人。

孟子(前372—前289)，战国时期思想家，政治家，教育家。他的名言之一是："老吾老，以及人之老；幼吾幼，以及人之幼。"意思是说，把别人的老人和孩子，当做自己的一样，去照顾，去爱护。

学习生活

公元前372年，孟子生于邹国，取名为柯。有关孟子学习的故事很多，比如，孟母怕影响他学习，而三次"择邻"，责怪他不用功读书，而砍断机杼等。后来，孟子跟着子思(子思是孔子之孙)的弟子学习，继承了孔子的学说，是当时很有名气的一位大儒。

游说列国

孟子是儒学的集大成者，和孔子一样有着远大的政治抱负，但他并没被孔子周游列国而始终不得志的"前车之鉴"所打击，同样也开始游说诸侯，希望他们接受自己的思想，以"仁政"治国。孟子曾先后到过宋、梁、齐、薛、鲁等国家，虽然他受到不同王侯的礼遇，但是始终没有人采纳他的主张。孟子生活的时代，相较孔子那时战乱更加频繁，各国为了救亡图存，更倾向于采纳法家、纵横家的言论，恨不得一夜之间富国强兵。在这样的背景下，孟子提出"仁政"，想让诸侯通过日积月累的施行达到强国的目的，不被重用也就可以理解了。

孟子读书图

青铜冰鉴 曾侯乙墓出土。在这种容器里置入冰块，便可作"冰箱"用。

发展儒学

孟子提出"性善论",也就是三字经开始说的"人之初,性本善"。

他认为国君应该实行"仁政",只要他们提高自身的道德修养,学会"爱民",国家自然会逐渐强大起来。另外,孟子认为"民为贵,社稷次之,君为轻",这一点,被后来明朝皇帝朱元璋删掉,很显然,他看出了这句话损害到统治者的利益。孟子在一次与梁王的对话中,说出了自己理想的社会,即每户都有五亩之宅,百亩之田,人们能够吃饱穿暖,小孩能受到良好的教育,老人能够得以安享晚年,社会上充满了文明礼貌。

晚年的孟子,在无奈之下回到故乡,和弟子们编纂了一部书,即《孟子》。

地位变迁

这部书集中体现了孟子与诸侯之间的对话与交锋,书中充满了机智的论辩。现在我们知道孟子被称为"亚圣",其实,在很长一段时间,他的地位并没有这么高,直到南宋朱熹把《孟子》编入"四书"(《大学》《论语》《中庸》《孟子》),使其成为科举考试的内容以后,他才受到极大的关注,而"亚圣"的称号直到元朝时才出现。

历史回音壁

孟子有一次问梁惠王:您认为用棒子打死人与用刀子刺死人有什么不同吗?

梁惠王答道:没有什么不同。

孟子再问:国事处理不当以致害死百姓,与用刀子杀人有什么不同吗?

梁惠王沉默。

孟子再问:您食有肥肉,坐有肥马;而百姓却饥肠辘辘,这与用刀子杀人有什么不同吗?

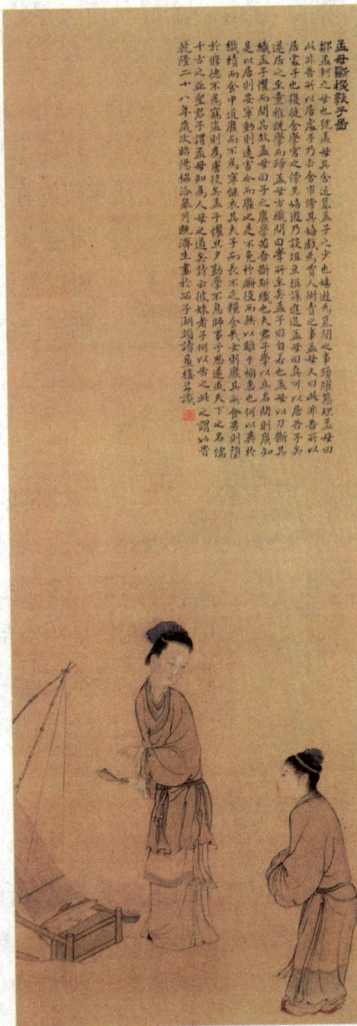

《孟母断机教子图》。孟母观察到小孟轲的学习有点三天打鱼两天晒网,就当着他的面,用剪刀剪断了刚织好的布,并教导他学习做事应坚持不懈,倘若半途而废,就会如剪断的布一样,白白忙碌一场。

85

庄 子

提起哲学家,大家可能会想到这类人一个共有的形象:板着面孔,一开口,就是那些听起来很玄秘的话。其实,这只是一种偏见,因为在中国古代的思想家里面,就有一个好玩而又浪漫的哲人,他就是庄子。

贫困的隐士

庄子名周,是战国时期宋国蒙(今属河南)人。关于他的生平,我们所知甚少,据推测,他的生活年限约在公元前369年至286年之间。庄子曾做过蒙地的漆园吏,大部时间处于隐居状态。由于没有可靠的生活来源,所以他的生活过得很清苦,不过,在这种条件下,庄子还是勤于读书,司马迁曾说他是"无所不窥"。

庄子像

"快乐的乌龟"

庄周虽然没有做过高官,但是他并不是没有机会。一次,楚威王听说庄子很有学问,于是便派人带着厚礼,请他去做相国。结果,庄子见到使者后,笑着说:"您带来的金钱不可谓不多,您许诺的官位也不可谓不高。但是,您没有看见那被用来祭祀的牛吗?虽然有几年时间好吃好喝,但是当给它披上华丽的装饰品要宰杀它时,它就后悔了。您还是走吧,我宁愿做一只在泥塘中自由自在的乌龟,也不愿去受楚王的限制!"

《庄子》(清光绪刊本)书影

"相对论"

庄子认为,除了"道"以外,一切都是相对的,立场不同,角度不同,观点也就因此不同。他曾举出很多例子来说明自己的观点:美丑是相对的,人类赞美的美女毛嫱,鱼儿一见,却会吓得钻到水底;食物的美味也是相对的,对猫头鹰来说,老鼠是美味,对鹿来说,草是美味。此外,大小、有无、贵贱、对错……也

都没有绝对,只有相对。

齐生死

庄子认为人应理解生死的本质。不应该因为出生而高兴,同样也不因死亡而悲痛。他曾在自己的著作中讲了一个"鼓盆而歌"的故事:"庄子"的妻子死了,朋友来吊唁时,他却高兴地敲打着盆子歌唱。朋友问他为什么要这样做,他就说,人本来就来源于自然,死后又回归自然,我如果哭哭啼啼,那就是不懂生命的本质了。

社会思想

庄子的思想是对老子思想的继承,他同样认为"道"才是根本,并且主张"无为"。庄子反对儒家的仁义礼教,他认为这些东西就像是跟给马套上笼头,将牛的鼻子穿起来一样,都是人为强加的、违反自然的,为了使人心归于淳朴,庄子主张捣毁乐器、毁掉工匠们的工具,因为他们都是"智巧"的东西。

历史回音壁

《庄子》中提到了这样一个寓言:有一天,"庄子"病危,他的学生们问他应该怎样厚办葬礼,庄子便说将自己弃尸荒野好了,那样就可以将天当做棺材,将日月星辰当做陪葬品。学生们听说,担心地问:"老鹰吃你怎么办?"庄子笑道"埋到地下,也会有蝼蚁来吃,你们干嘛这么偏心?"

《庄子》

庄子传世的著作被称做《庄子》,该书分为内篇、外篇与杂篇,现存三十三篇。除了少部分被怀疑为其他人的伪作以外,大部分被肯定为庄子的"真迹"。魏晋时期,《老子》《庄子》《易经》被合称为"三玄",受到时人的重视。在《庄子》一书中,作者常常是通过一个个生动的故事来阐释自己的见解,其行文汪洋恣肆、瑰丽变幻,被清朝评论家金圣叹列为"六才子书"之一。

《梦蝶图》(元代　刘贯道)此图取材于《庄子》中"庄周梦蝶"的典故。这个典故的大意是:有一天,庄周梦见自己变成了一只翩翩起舞的蝴蝶并且在梦中尽情飞舞,等到他醒来后,却发现自己依然还是庄周,于是他便产生了一个疑问,不知是庄周做梦变成了蝴蝶呢,还是蝴蝶做梦变成了庄周? 这个充满浪漫色彩和哲学意味的故事吸引了无数的艺术家。

荀 子

战国后期,齐、楚、燕、韩、赵、魏、秦七国争雄的局面愈演愈烈,社会大一统的局势已经初露端倪。特殊的环境冲击着人们的心灵,并孕育了特殊的思想者。就在这一时期,儒家学派诞生了一个堪称"另类"的人物——荀子。

荀子(约前313—前238),战国后期的思想家、教育家。

稷下学宫

荀子名况,赵国人。大约50岁时,荀子来到齐国。当时的齐国由齐湣王执政,在"战国七雄"中属于强国。为了招揽人才,齐国在都城临淄设置了高等学府——稷下学宫。荀子来到齐国时,该学宫人才济济,邹衍、淳于髡等七十余位名士都在这里游学。后来,等到齐襄王执政时,由于荀子资格最老,所以他曾三次在稷下学宫被奉为祭酒(学界领袖)。

《荀子》书影

出游秦国

荀子在齐国虽然很受尊重,但是因为有人谗陷,所以他便离开齐国,前往楚国。在到达楚国之前,他曾游历到秦国,并且见到了秦昭王和秦国大臣范雎。秦昭王问荀子对秦国的感受,荀子的称赞之词溢于言表,他认为秦国不但边塞牢固、资源丰富,而且官吏奉公守法、民风朴素。秦昭王又问他有什么建议,荀子认为要想实现统一,应该采用儒家的政策。由于当时秦昭王把重点用在军事方面,所以对他的建议并未采纳。

终老楚国

到达楚国后,荀子被春申君封为兰陵(治所在今山东)令。不久,由于有人在春申君面前诬陷荀子,荀子被迫离开楚国,前往赵国。在赵国,荀子曾劝说赵王利用仁义治国,但不被采纳。后来,由于春申君后悔,荀子又被邀请回到楚国,并照旧担任兰陵令。公元前238年,春申君被杀,庄子因此也被罢官。不过,庄子并未离开兰陵,他一直在此定居,直到逝世。现在,荀子流传下来的著作主要是《荀子》,该书一共有32篇,内容涉及经济、教育、政治、哲学等多个领域。与孔孟等的著作相比,《荀子》在后世可谓备受冷遇,直到唐代,才有人为此书作注。

性恶论

《荀子》之所以不被后世的儒家所推崇,其中的原因之一,是因为他提倡的"性恶论"。与孟子所说的"性善论"不同的是,荀子认为,人并非生来下就有善念;相反,为了追求物质欲望,人生来就是"恶"的。不过,这种恶也并不是不能改变,它可以通过后天的礼仪教化得到改正,从而使人人都可以贤明起来,人人都可以成为像孟子所说的尧舜。

唯物主义思想

荀子是中国古代朴素唯物主义的代表。他认为,天(自然界)是客观的,从四时更替等现象来看,它也具有一定的规律。人世间是战乱还是太平,与天本身没有关系,因为如果天和人有关,那么为什么天不会因为人害怕寒冷,就没有冬天?虽然荀子认为天是客观的,但他还是给了人类"希望":人可以认识自然规律,并加以创造利用,为自己造福。从唯物论的观点出发,荀子还否定鬼神的存在。

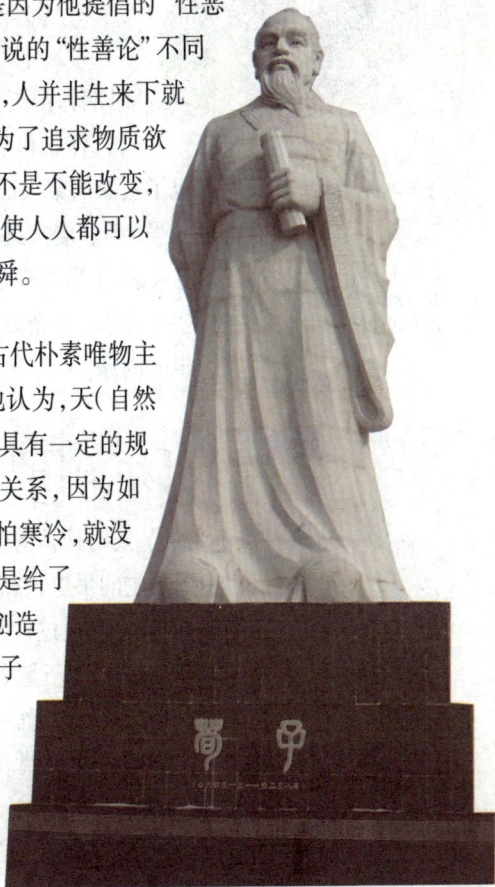

荀子雕像

韩 非子

经历了漫长的战国动乱，分裂的社会逐步走向统一，强盛的秦国与实力较弱的其他诸侯国相比，取得胜利已成为必然的趋势。新的社会需要新的思想，韩非子就是这样一位顺应时代要求的思想家。

韩非（约前280—前233），战国思想家。韩非的著作里有许多寓言故事，语言简练，却含义深刻。比如滥竽充数、自相矛盾等。

发愤著书

韩非子约生于公元前280年，名为韩非，子是后人的敬称。他是战国时期韩国国君的公子，身份显赫。虽然口吃，但是文笔犀利。韩非和李斯同拜儒家的代表人物荀子为师，但是自己最后却成了法家的集大成者。当时的韩国在诸侯之中属于小国，却不能奋发图强，韩非屡次进谏强国之策，而不被韩王采纳，于是他努力著述，有《孤愤》《说难》五十余篇，十余万言，集中阐述了法家思想的内涵。

"以法治国"

韩非主张严刑峻法，并倡导"法不阿贵"，同时他认为所有的权利都应该集中到君主的手里，然后君主不仅要按照法律，而且还要通过权力以及权术来管理国家。他在著作《五蠹》中，认为那些危害国家安全的人就像蠹（一种蛀虫）一样。君主一定要除之而后快。五蠹包括这几种人：儒家学者、善于辩论的纵横家、带剑的游侠、依附贵族的人、商人。他还提出

历史回音壁

韩非子一次在饭馆吃饭，听到楚国又处死了一批淘金的人，不免引起了他的沉思。原来这事他略知一二，这些被处死的人都是因为偷偷地到楚国境内的一条河流里去淘金，而凡是被楚国政府抓到的，必难逃一死。即使这样，还是有人愿意去冒险。韩非子不免感叹，每个人都心存侥幸，这就是人的本性啊！

了"八奸",因为他们都是与君主关系比较近的人,所以国君一定要有所防备。这八类人有君主的妻妾,父兄,故意讨好献媚的人,掌握大权、培养个人势力的大臣等。在韩非生活的时代里,有许多人认为古代的社会一定是美好的,所以他们非常推崇古代的贤君,比如尧、舜等。韩非驳斥了这种观点,他提出,时代是不断变化的,所以要与时俱进,不能因循守旧。《守株待兔》的寓言,就是用来讽刺那些死抱住一棵树,却妄想源源不断地得到财富的那类人。

身死异乡

虽然韩非在本国备受冷遇,但在千里之外,当秦王嬴政(后来的秦始皇)看到他的著作时,却大吃一惊,随即要挟韩王让韩非出使秦国,否则,便要攻击韩国。但是,出人意料的是,当韩非真正来到秦国时,秦王只是对他很欣赏,而并不加以重用。此时,韩非的"同学"李斯正在秦国,他自知不如韩非,便借机让秦王将其打入监狱,随后又谎称是秦王的命令,迫使韩非服毒自尽。后来,秦始皇对自己当时的决定后悔时,便派人到监狱中赦免韩非,结果一切都晚了。

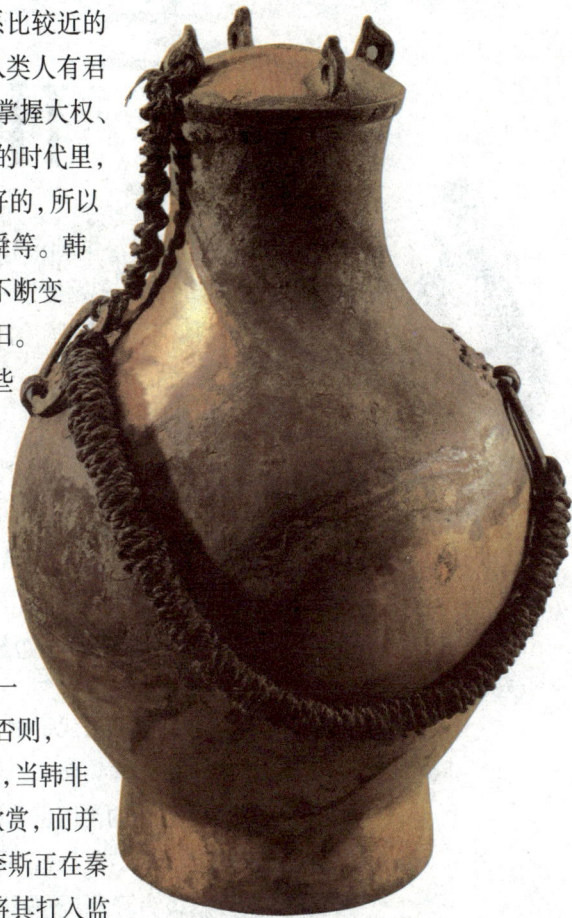

▸ 棕绳提梁铜壶 战国

外儒内法

秦王虽然没有重用韩非,但是秦国却是利用法家思想而强大起来并最终建立了中央集权制的国家。另外更重要的是,在此后两千余年的中国,虽然封建帝王们表面上倡导儒家学说实行德治,但是当我们想起古代严酷残虐的刑罚时,就知道法家的严刑峻法等理论同样没有被忽视。

董仲舒

公元前202年，西汉王朝的建立结束了秦朝末年以来长期的战争局面，历史进入了稳定发展的新格局。社会环境发生了变化，这就意味着思想领域也需要相应的变革，董仲舒罢黜百家的主张正好符合了封建统治者的改革要求。

董仲舒（前179—前104），汉代思想家。其名篇《天人三策》又称《举贤良对策》，司马迁在《史记·儒林列传》中记录了他的事迹。

韬光养晦

董仲舒公元前179年出生，今河北人。他早年学习刻苦，据说，三年时间里闭门不出，就连自己家隔壁的花园一次也没有游览过。他主要研究孔子的著作《春秋》，因为在当时是很有学问的大儒，所以向他求学的人络绎不绝。董仲舒很注意品德的修养，就这样一边努力治学，一边等待施展抱负的时机。

一鸣惊人

汉武帝时，为了寻觅人才，常常把有学问的人召集起来，让他们各抒己见，指点江山。一次，大概有一百人陈说自己的治国良策，其中包括许多当时的名士，而当汉武帝听过董仲舒的论说后，就极为赞赏，评为第一。后来，董仲舒一连向皇帝上奏了三篇文章，解释上天与人类的关系，这就是著名的"天人三策"。

思想改革

"天人三策"蕴含了董仲舒思想的核心。他提出"天人感应"学说，认为皇帝如果行仁政，上天就会"感动"，而降下福瑞；如果是无道昏君，上天必降下灾害使

历史回音壁

据传，在董仲舒去世后，汉武帝有次经过他的墓地，便下马以表示礼敬，此地随后即被称做"下马陵"，因为"下马"在陕西的方言里与"蛤蟆"相近，于是又被称做"蛤蟆陵"。白居易诗"自言本是京城女，家在虾蟆陵下住"指的就是此地，故址在今西安和平门内。

他灭亡。董仲舒进而认为,当时社会的思想太混乱,应该进行统一,于是他又提出"罢黜百家,独尊儒术"的主张。另外他还倡议修建"太学"(国家的最高学府),大力培养人才,通过选拔制度,让那些真正有能力的人得到任用的机会,而贬斥那些没有真才实学的庸碌之辈。在另一本著作《春秋繁露》里,董仲舒认为皇帝便是上天的儿子,拥有神圣的统治权力。他还提出了"三纲五常"论,三纲是:君为臣纲(臣子应该效忠皇帝),父为子纲(儿子应孝顺父亲),夫为妻纲(妻子应忠贞于丈夫)。五常则是五种道德观念,即仁、义、礼、智、信。

帝王之师

在董仲舒后两千余年时间里,所有的封建帝王都视他为老师,从他的思想中汲取治理国家的道理。随着时代的发展,董仲舒所提倡的"儒学"成为维护封建统治者权益的思想武器,成为阻挡中国思想变革和社会进步的障碍,因此在封建社会结束后,董仲舒的主张也理所当然地被抛弃了。

下图为汉代儒生。自董仲舒倡导儒学以后,穿儒服、行儒礼,研读儒家经典,便逐渐成为社会的风尚。孔子提倡"文质彬彬"的精神风貌,许多读书人也就不断地追求这样一种境界。

93

朱熹

在 12 世纪的北宋，儒学领域出现了一位重要的思想家——朱熹。儒学是孔子开创的，后来，孟子又继承了他手中的薪火，但是传统的儒家学者认为，孟子之后，在秦、汉、唐等朝代，孔子的衣钵并没有很好地被传承，只有遇到了朱熹这颗新星时，儒学的光芒才再次灿烂。

朱熹（1130—1200），南宋人，理学的集大成者。

仕途生涯

朱熹，字元晦，于 1130 年在福建出生。朱熹自幼好学，19 岁时就已经高中进士，从而实现了同辈人需要花费数载才有可能得到的功名。此后，他成为哲学家程颢、程颐（又称"二程"）的三传弟子李侗的学生，开始学习二程的学说。22 岁时，朱熹被派往福建同安县任职，后来，直到 71 岁去世时，他还断断续续地在江西、湖南等地做过官。综其一生，在中进士后 50 余年的时间里，朱熹共做过 9 年官，在朝廷的时间仅仅 40 余天。

复兴书院

离开了仕途，朱熹便把大部分的时间用来办学、讲学，其中，他对古代两大书院——白鹿洞书院和岳麓书院的建设和推广付出了很多努力。白鹿洞书院位于江西，始建于公元 10 世纪时。1179 年，为了重新恢复书院的影响，朱熹实行了订学规、置田建屋、征求图书等一系列的措施，并且开始亲自讲学。岳麓书院位于湖南长沙，早年，朱熹就曾在此讲学，1194 年，他又重新扩建并整改了岳麓书院。

理学思想

朱熹对儒学的贡献是他发扬了"理学"。理学是一种哲学思潮，朱熹的理学主要包含三方面的内容。第一，"理"存在于自然万物和人类社会中，它是最根本的，也是永恒的。第二，格物致知。既然每一个事物中都存在着"理"，那么人们就应该不断地通过推究事物（格物），从而达到认识"理"的终极目的（致知）。第三，存天理，灭人欲。这句话用朱熹的例子解释就是："饮食，天理也；山珍海味，人欲也。夫妻，天理也；三妻四妾，人欲也。"

著书立说

因为学识渊博且笔耕不辍，所以朱熹的著述颇丰，这些著作包括《周易本义》《诗集传》《楚辞集注》《朱子语类》《四书章句集注》等。其中，《四书章句集注》的影响最为深远。该书是朱熹将《论语》《孟子》以及《礼记》一书中的《大学》《中庸》两篇合订为一部书，定名《四书》，然后按照自己的观点对书中的字句进行阐释的一部著作。

朱熹的影响

朱熹在世时对朝廷的影响并不大，他的学说还一度被认为是"伪学"，但是元朝以后，他的地位开始逐渐上升，最能说明这点的就是《四书章句集注》成为科举考试中的考试内容，而他在书中的解释也渐渐成了有关《四书》最权威的解释。到了明清时，朱熹成了仅次于孔孟的一位大儒。后世的儒生因为仰慕他，就将他尊称为"朱子"。

历史回音壁

1175年，朱熹在江西的鹅湖寺和当时的两位学者陆九龄、陆九渊兄弟进行了一场学术辩论，史称"鹅湖之会"。在辩论中，朱熹主张多读书、多观察事物，而陆氏兄弟认为人只要注重自己的本心即可，不用耗费精力去读书和考察。双方虽舌战三天，但最终没有达成一致。

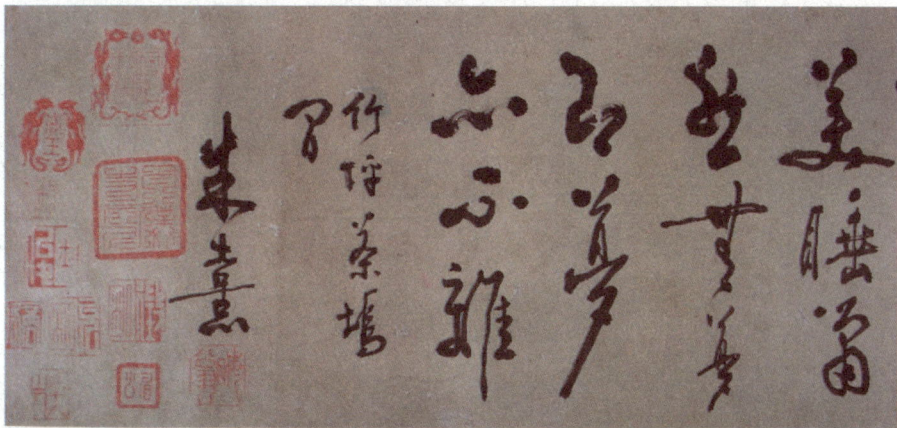

朱熹《蓬户手卷》墨迹。朱熹精于行草，擅写大字，《蓬户手卷》便是他大字的代表作。在这幅书法作品中，有多位名人的题跋，包括文天祥、唐寅等。

95

策　划

刘　刚

主　编

田战省

责 任 编 辑

金敬梅

文 字 编 写

袁钢锋

装 帧 设 计

李亚兵

图 片 编 排

李显利